양변기와 함께 춤추는 CEO

양변기와 함께 춤추는 CEO
-개정증보판

초 판 1쇄	2016년 02월 10일
개정판 1쇄	2016년 09월 09일
개정2판 1쇄	2025년 09월 24일
저자	박현순
발행인	유준원
고문	강원국
편집	박주연, 장선아
디자인	이완수
발행처	도서출판 더클
출판신고	제2014-000053호
주소	서울시 금천구 가산디지털1로 212 코오롱애스턴 709호
전화	(02) 857-3086
팩스	(02) 2179-9163
전자우편	thecleceo@naver.com

ⓒ박현순 ISBN 979-11-86920-29-9 (03320)

양변기와 함께 춤추는 CEO

interbath!

도서출판 더 클

프 롤 로 그

{

나는 최근 EBS 〈서장훈의 이웃집 백만장자〉에 출연했다. 이 프로그램은 '우리는 얼마만큼의 돈이 있어야 행복할까?'라는 질문으로 시작한다. '2조 거인' 서장훈과 '텐션 요정' 장예원이 전국을 누비며 '진짜 부자'를 찾아 나섰고, 나 또한 그 여정에 함께했다.

시즌 1은 12명의 주인공들이 만들어낸 성공으로 큰 호응을 얻었고, 그 성과는 시즌 2가 정규 방송으로 편성되는 밑거름이 되었다. 나는 그 영광스러운 무대에서 두 번째 출연자로 소개되는 특별한 경험을 했다.

프로그램은 내가 10년 전 펴낸 첫 책《양변기와 함께 춤추는 CEO》를 토대로 기획됐다. 처음 PD가 내 책을 꺼내 펼쳤을 때, 곳곳에 접힌 페이지와 밑줄, 붙어 있던 스티커들을 보았다. 그 순간 나는 깊은 감동을 받았다. 누군가의 손때 묻은 책은, 그 자체로 진심의 기록이기 때문이다.

내가 그 책에서 전하고자 한 메시지는 단순했다. 창업이야말로 살아남는 길이라는 것이다. 지금도 그 믿음은 변함이 없다. 나 역시 1986년 창업 이후 숱한 시행착오와 도전을 겪으며 회사를 이끌어왔고, 어느덧 40년이 흘렀다. 그때 나는, 내 경험을 담은 그 책이 창업을 준비하는 이들에게 작은 멘토가 되어주길 기대했었다.

그렇다고 직장 생활의 가치를 깎아내릴 수는 없다. 첫 직장이자 마지막 직장에서 4년간 겪은 경험은 지금도 내 삶의 뿌리가 되고 있다. 직장인이든 사장이든 정답은 없다. 중요한 것은 자신이 있는 자리에서 즐겁게 일하고 그 속에서 배움을 쌓는 것이다. 성공한 사람들의 공통점은 결국 '즐김'에 있다.

10년 전 두 권의 책을 내며 아쉬움이 남았다. 더 많은 사람에게 전하지 못한 탓이었다. 그래서 이번 방송을 통해 책에 담지 못한 이야기를 하고 더불어 책에 담긴 이야기가 더 많은 사람에게 전하고 싶었다.

나는 카메라 앞에서도 평소와 다름없이 행동했다. MC들에게 양변기 뚜껑을 씌워주고, 양변기 불판에서 삼겹살을 구워 먹고, 1만 5천 평 규모의 바스 엑스포(BATH EXPO)를 직접 안내했다. 내 방식은 언제나 솔직하고 꾸밈이 없다.

내가 전하고 싶은 메시지도 변함없다. 이왕 사는 삶이라면, 사장으로 살아라. 작은 회사에서 다양한 책임을 지며 꿈을 키워라. 사람들은 흔히 편한 길을 택하지만, 그 길에서 얻는 행복은 크지 않다. 어려운 길에서 넘어지고 다시 일어서며 얻는 성장은 그 어떤 보상보다 값지다.

나는 지금도 여전히 내 일을 사랑한다. 내 상품인 양변기도 사랑한다. 누구나 자신이 하는 일을 사랑해야 한다. 때로는 무겁게 느껴지더라도, 그 무게야말로 미래를 만드는 재료다. 무수한 고민과 번뜩이는 아이디어, 작은 시도들이 모여 결국 큰 변화를 만든다. 기회는 언제나 눈앞에 있다. 어떤 때는 제안으로, 어떤 때는 포기로, 때로는 정보의 형태로 다가온다. 그래서 나는 늘 문을 열어두고 살아왔다.

스스로에게 집중하고, 과정에 몰두하며, 새로운 길을 찾아내는 것. 그것이 내가 살아온 방식이다. 이 책은 바로 그 방식을 담은 기록이다. 프롤로그와 에필로그만 달라졌을 뿐, 본문은 10년 전 그대로다. 내 삶 역시 10년 전이나 지금이나 본질적으로 다르지 않고, 아마 10년 후에도 크게 달라지지 않을 것이다.

나는 이 이야기가 당신의 길을 찾는 데 작은 길잡이가 되기를 바란다. 책장을 덮을 즈음, 당신도 아마 나와 같은 질문을 스스로에게 던질 것이다.

"나는 지금 내가 사랑하는 일을 하고 있는가?"
"나는 무조건 새로운 도전에 뛰어들 용기를 갖고 있는가?"

여름보다 뜨거웠던 9월, '화장실 테마파크(변기 왕국) 바스 엑스포'에서 나는 다시 한번 다짐했다. 인생은 결국 도전하는 자의 무대다.

|목차|

때를 벗기와 흥정

-1부-

나는 사람들과 만나면 어떻게 이야기를 주도적으로 끌고 갈 것인가에 대해서 고민했다. 일단 처음 만나는 사람의 마음을 열기에는 재미있거나 흥미를 유발하는 소재가 효과적이다. 그리고 사람들에게 강한 인상을 남겨, 나를 계속 기억나게 만들고 싶었다. 그래서 나는 은색 구두, 빨간 넥타이, 원색의 양복으로 나만의 스타일을 만들어갔다.

1978년 높이차고 날던 전성기 때,
아래 앉아서 사진을 찍으면 높이 나는 것처럼 보인다.

빠께스가 떴다

나는 거의 매일 같이 친구들을 끌고 나가, 코에 바람을 쐬고 돌아왔다. 도복이 들어있는 가방을 둘러메고 유원지를 돌아다니며 바람을 쐬는 일이 내 체질에 딱 맞았다. 책상에 앉아있노라면 죄 없는 볼펜만 괴롭히는 것 같아서 볼펜보다 내가 더 괴로웠다.

고3 때 이미 태권도 부사범 활동을 할 정도로 몸 쓰는 일을 좋아했고 가장 자신 있어 했다. 늘 양옆에 친구들을 몰고 다니는 데다 운동하는 남학생이라는 이유 때문에 싸움 하는 친구들의 표적이 되기도 했다.

한판 싸움이 거하게 벌어지는 현장에서는 의도하건, 의도하지 않건 끼어 있을 때가 많았다. 그럴 때마다 아이들은 "빠께스가 떴다!"라고 소리쳤다. 싸움이 일어난 자리에는 대부분 내가 있었지만, 나는 싸움을 막기 위해 끼어들어 있을 뿐이었다. 난처한 상황에 몰린 약한 친구를 돕는 게 반드시 해야 하는 일이라고 생각했다.

나는 힘이 없는 친구들이나 내 사람이라고 생각하는 사람은 잘 챙겼기 때문에 'basket(물이나 물건을 담는 용기(用器))'이라는 의미로 '빠께스'라고 불렸다. 어떻게 보면 이때부터 나의 운명이 시작되고 있었는지도 모르겠다.

내가 도기(陶器)와 인연을 맺게 된 건 우리 아버지가 도자기 장인이라서가 아니고, 내가 흙으로 그릇을 빚는 재주가 뛰어나서도 아니다. 다만, 나는 내가 타고난 그릇 크기만큼 내 일을 사랑하고 내 사람을 채우면서 살아왔다.

나는 미술 전시관에 있을 법한 우아한 도자기와는 달랐다. 나와 가장 가까운 도기는 바로 일상생활 중 하루에도 몇 번씩 마주하는 욕실도기였다. 우리의 실제 삶을 유용하고 유연하게 만드는 역할, 그것이 바로 내가 가지고 있는 그릇의 역할이라고 생각했다.

나는 사람 만나는 일을 좋아했다. 말 못하는 개를 봐도 그렇게 귀엽고 즐거운데 내 말에 웃어주고 나오는 다른 생각을 가진 사람과 만나 대화를 나누는 일은 얼마나 즐거운가! 사람과의 만남이 주는 즐거움을 일찍 알았던 나는, 또래부터 어른까지 가리지 않고 사

양변기와 함께 춤추는 CEO

람들과 어울리며 자연스럽게 만남의 기술을 익혀갔다.

만남의 기술은 어려운 일이 아니다. 웃으면 함께 웃고, 화내면 화를 받아주고, 울고 있으면 위로하는 일이다. 뭐가 이리 간단명료한가 싶겠지만 의외로 사람들은 이 기술을 잘 사용하지 못한다. 간혹 사람들은 주변 사람들과 잘 지내는 나를 보며, '어떻게 그렇게 자연스럽게 할 수 있느냐'고 말하기도 한다.

사람들은 상대와의 만남과 관계를 억지로 노력해서 이어나가려고도 한다. 그러나 억지로 하는 건 기술이 아니다. 어떤 기술이든 서서히 익혀나가는 게 우선이다. 만남이라는 건 기술이 아닌, 진정한 마음으로 충분한 일이다. 마음을 어떻게 내비칠지에 대한 일부터 연구하면 된다.

나는 어떤 사람과 눈이 마주치는 순간부터 그 사람에 대해 궁금해지기 시작했다. 길을 가다가도 한 무리의 청소년들이 길가에 서서 방황하고 있는 모습이 보이면, 나는 발걸음을 멈추고 그들의 모습을 오래 바라봤다. 궁금증에서만 멈추지 않았다. 아이들에게 다가가 이야기를 나누고 그들을 달래 집으로 보내기도 했다. 그러면서도 정작 나는 집이나 학교로 돌아가지 않았다. 사회에서는 집과 학교를 떠난 내가 방황하는 청소년으로 보였겠지만, 나는 그렇게 생각하지 않았다. 지금 당장의 목표가 없고 부모님이나 선생님의 말을 듣지 않는다는 것만으로 방황한다고 할 수 없다고 생각했다. 나는 그때 이미 부모님의 삶에서 내 인생을 분리해버린 상태였다.

공교육의 현실에서 내 목표를 찾을 수 없다는 것을 확인했기 때문이었다. 나는 내가 할 수 있는 다른 일을 찾고 싶었다.

나는 음악학원에 찾아가 드럼을 치기 시작했다. 음악이 하고 싶었다. 지금도 드럼 실력자라는 소리를 들을 정도로 당시의 나는 교과서가 아닌 드럼에 한참 동안 빠져있었다. 결국 누군가 강요하지 않고 내가 스스로 하고 싶은 일을 즐기면, 오랜 시간이 지나도 내 취미이자 특기가 된다는 걸 알게 된다.

사람들은 가출을 하면 어디서, 어떻게 지내느냐고 묻는다. 하지만 나는 가출이 아닌 잠깐의 외출이라고 생각했기에 걱정이 없었다. 한 번은 보름 동안 충청도 부여와 공주를 쏘다녔다. 며칠 지나니 돈이 떨어졌고 허전해진 주머니를 내려다보고 굶고 있을 수만은 없었다. 할아버지와 할머니 두 분만 사시는 농가를 두드렸다. 부모가 없는 고아라고 속이고, 손자처럼 잘 모시겠다고 했다. 그렇게 할아버지, 할머니 농사를 1개월여 도우면서 먹고 잘 수 있었다.

그 무렵 학교에서는 퇴학예정 통지서를 집으로 보냈다. 한 달 동안 무단결석을 했기 때문이었다. 어머니는 이곳저곳에 연락하셨다. 핸드폰이나 삐삐도 없던 시절, 생면부지의 충청도 농가에서 농사짓는 나를 귀신도 찾을 수 없었을 것이다.

▌ 양변기와 함께 춤추는 CEO

어머니는 등교하지 않는 나를 대신해 학교에 가셨다. 내 또래의 아이들이 교복을 입은 채 운동장에서 뛰어노는 모습을 보며, 한 무리의 학생 중에 분명히 아들이 있을 것으로 생각하셨을 거다. 그러나 아무리 찾아도 아들은 보이지 않았고, 이를 두고 어머니와 학교 측은 무단가출이라고 규정했다. 하지만 나는 사실, 무엇인가 골똘히 생각할 필요성을 느껴 학교에 가지 않았을 뿐이었다.

부모님은 아들이 학교로부터 '방출' 당하는 걸 막으려고 하셨다. 어떤 방법으로든 해결해내셨고, 나는 그때마다 외출을 끝내고 교문에 다시 들어섰다. 세 번의 퇴학 통지서는 결국 말 그대로 통지서로만 남아있게 되었다. 나는 퇴학당하지 않은 것이다.

열아홉 살은 무서운 마력의 시간이다. 입시를 코앞에 두고 꼼짝없이 교실에 갇혀 바람도 쐬지 못한 채 종일 책만 파도 모자란 시기다. 하지만 인생 전체로 보면 열아홉 살이란, 전초전(前哨戰)에 해당되는 시간이다. 짧게는 이십 대에 일어날 모든 일의 시작을 알리는 시기이며, 길게는 인생의 주제가 정해질 시기이기도 하다. 즉, 나의 힘만으로 나의 인생에 온전히 뛰어드는 최초의 시간인 셈이다. 내 시대 때의 고등학교 3학년은 현재와는 조금 다른 의미에서 곧 사회로 진출할 예비생들을 의미했다.

하지만 나는 공부에는 영 취미가 없었다. 두 손에 쥐어진 건 먼지뿐이었다. 인천의 갯내 섞인 바닷바람은 공부보다는 자부심과 자유를 알려주었다. 나는 세상에 나가기 전에 나 자신을 이해할 시간이 필요했다.

장수가 전장에 나갈 때는 먼저 자신의 주력 무기가 필요하다. 싸움에는 다양한 능력이 필요하지만, 나 자신에게 맞는 무기와 전략이 무엇인지에 대한 고민이 먼저 있어야 한다. 아직 풋내기였던 나에게는 세상과 싸울 이렇다 할 무기가 없었다.

상상해봐라. 전쟁에서 살아남기 위해 칼을 들었는데, 내 실력과 손에 맞지 않는 양날 검이 들려있다. 제대로 한 번 휘둘러보기도 전에 내가 다칠 지경이다. 검을 쥐고 나서기는 나섰는데, 말에 올라타는 것부터 암담하다. 설상가상으로 바람이 불고 비가 오는데 내 갑옷은 비까지 샌다. 하지만 그럼에도 불구하고 내 앞의 전쟁터로 나가야 한다.

나뿐만 아니라 지금을 살아가고 있는 열아홉 살도 마찬가지일 것이다. 전쟁터에 나가 칼을 뽑아보기도 전에 죽는 안타까운 상황도 비일비재한 세상이다. 열아홉 살은 누구나 그렇게 위태롭다.

나는 그 막막함 속에서도 다행히 배포 하나는 끝내줬다. 열아홉 살이 되어서도 '동인천역 빠께스' 생활은 계속 되었다. 사람들 눈에는 무모해 보였을지도 모른다. 어쩌면 그들의 눈에는 내 삶이 '깡깡' 하고 억센 소리를 내는 양철 양동이 같아 보였을 것이다.

▌양변기와 함께 춤추는 CEO

인천부두에서 바람이 분다

당시 동인천역은 인천의 중심 역이자, 인천을 드나드는 모든 인구와 문화가 거쳐 가는 곳이었다. 1980년대, 세상은 빠르게 변하고 있었다. 하루걸러 하루 사이 새로운 일이 뻥뻥 터졌고, 세상에 대해 아무것도 모르던 청년의 가슴도 놀람과 설렘으로 쉴 시간이 없었다. 주변에서 일어나는 모든 일이 죄다 시선을 끄는 것들이었다. 특히, 나는 변화에 관심이 많은 청춘이었기에 매일같이 신선한 충격에 빠지고는 했다.

지금도 세상은 빠르게 변하고 있지만 그 당시의 변화는 문화적 충격까지 안겨주었다. 신문지면에 가득한 뉴스거리 말고도 패션, 예술 같은 분야들의 접근 방식이 예전과 아예 달라졌다. 먼 외국의 변화가 우리나라에도 똑같은 변화를 주고 있다는 것, 세상의 끝과 끝이 동시에 흘러간다는 건 당시의 나에게는 충격일 수밖에 없었다. 미국산 음식과 일본산 공산품이 어지럽게 흘러들어왔다. 이국의 음식과 제품을 직접 먹고 만질 수 있다는 건 입을 절로 벌어지게 만들었다.

세상이 얼마나 넓은지 알려면 지구본을 돌려볼 게 아니라 동인천역 앞에 서 있기만 해도 알 수 있었다. 넓은 세상이 이제 더는 멀지만은 않았다. 인천역만 변화하는 건 아니었다. 어느 곳에서든 형형색색의 제각기 다른 옷을 입은 수많은 사람이 바쁘게 제 갈 길을 걸어가는 사람을 볼 수 있다. 미니스커트, 각이 잡힌 넥타이, 제각기 다른 브랜드의 신발, 다양한 색깔과 디자인의 가방과 모자, 그리고 사람들의 얼굴과 표정. 일관적인 옷을 입고 비슷한 일을 하던 사람들은 점차 사라지고 있었다.

사람의 삶이란 겉모습에서도 드러난다. 무거운 보따리를 가득 들고 온 아주머니는 도매 물건을 역 앞에 늘어놓고 팔고 있고, 빨간 하이힐을 신은 젊은 여자는 그녀에게 어울리지 않은 짙은 화장을 하고 남자를 만나러 간다. 목이 잔뜩 늘어난 옷을 입은 한 사내는 한 없이 무거워 보이는 가방을 어깨에 걸쳐 메고 고개를 숙인 채 걷는다. 그런 사내의 옆을 스치는 중년 남성의 노란 넥타이는 햇빛을 받아 빛났다.

▌양변기와 함께 춤추는 CEO

내가 패션과 미학에 관심을 가지게 된 것은 아마 이 시대와 이 장소. 즉, 1980년대 동인천역의 영향이 컸다. 세상은 역동적으로 변화하고 있었고 나는 그것이 무섭거나 겁나지 않았다. 또 세계 여러 나라의 문화를 접하게 되면서 내가 세상을 아름답게 여긴다는 걸 다시 알 수 있었다. 누구나 아름다운 것을 좋아한다. 아름다움은 그대로 있을 때보다 시대에 맞춰 조금씩 변화함으로써 더 크게 느껴진다. 애환이 많은 역사를 가진 우리나라의 '틈' 속으로 새로운 변화가 몰려오고 있었다.

그리고 그 틈속에서 변화가 시작되었다. 전쟁통에 생겨난 부대찌개와 깡통시장, 세계 각국의 상품들이 밀려들어 온다는 인천항에는 없는게 없었다. 가능성의 시험장소였고, 현재 우리나라에 존재하는 모든 종류의 사업이 그곳에 자리 잡고 있었다. 깡패, 도둑, 사기꾼, 밀수꾼부터 수입한 물건을 파는 도매상과 소매상, 길거리에서 사람을 붙들고 껌을 파는 일까지 말이다.

우리나라의 역사를 통틀어 그토록 많은 사업이 한 곳에서 벌어지고 있었던 때가 있었을까. 그때는 낡은 옷도 좋은 아이템이었다. 사업이 뭔지 잘 몰랐던 나이였지만 나도 그 변화와 분위기에 들떠 있었고 좀처럼 의자에 가만히 앉아 있을 수가 없었다. 그 시대에는 누구나 그랬다. 나는 유원지나 부두를 괜히 왔다 갔다 하며 그들의 일상을 훔쳐봤다. 당시에는 그저 부질없고 생각 없이 했던 행동이었지만, 그들을 몰래몰래 바라보면서 새로움에 대한 감각을 키워나가고 있었다.

 정보에는 계급이 있다. 하지만 그 정보를 누가 어떻게 다루느냐에 따라서 계급의 정보가 다시 갈린다. 살아가는 데 훨씬 유용한 것은 '무엇을 아는가?' 보다 '어떻게 활용하는가?' 였다. 나는 변화의 바람과 함께 불어오는 정보를 어떻게 활용할 수 있을지, 부둣가에 앉아 생각을 정리하고는 했다. 남들이 보기엔 그저 '빠께스' 였지만, 나는 생각하는 시간을 소홀히 한 적이 없었다.
 동인천역 주변에서 서성이던 나, 바람을 품에 담았던 빠께스가 세상을 담는 그릇이 되기까지는 많은 과정이 필요했다. 하지만 그것보다 지금 나의 이야기가 시작되는 이 시점에서 내가 하려는 말은 '누구도 미래는 알 수 없다' 는 것이다. 내가 무슨 일을 하며, 무슨 생각을 하고, 무슨 말을 하며 살게 될지는 아무도 알지 못한다. 이 세상의 일도 갑자기 변할 수 있는데, 생각을 하는 사람이라는 존재는 더더욱 예측하기 어렵다. 하지만 그 명확하지 않은 상황 속에서 세상을 바꾸는 건 결국 사람이다.
 나에게는 내가 나중에 무엇을 하던 잘될 것이라는 믿음이 있었다. 그 시절과 그 장소에서, 나는 나의 삶을 일궈나갈 배짱을 키웠다. 인천 앞바다에 뜬 건 약한 사이다병이 아니었다. 번쩍거리는

양변기와 함께 춤추는 CEO

양철 양동이였다. 나는 내 운명을 담을 나만의 그릇으로, 가장 근대적이며 서민들의 삶과 밀접한 걸 골랐다. 인천 앞바다의 햇빛을 받으면 눈부시게 빛나는 양동이, 양변기를 담게 된 것이다.

머리만 길면 연예인이라고 불리던 시절,
현재 36기까지 전통이 이어지고 있는
호서대학 그룹사운드 태조산 1기 리더로 활약했다.
악보도 안 보고 기분으로 드럼을 쳤던
1980년 공연 중 한 컷이다.

세 번의 퇴학예정 통지서

부모님에게 나는 유독 아픈 손가락이었다. 당시 고교입시 연합고사는 허울뿐이라고 해도 과언이 아니었다. 웬만한 학생들이 다 진학할 수 있는 시험이었지만 나는 불합격 통보를 받았다. 부모님은 연합고사 성적 없이 갈 수 있는 인천의 고등학교를 찾아냈고, 나는 겨우 고등학교에 진학할 수 있었다.

진학에 애를 먹었던 이유 중 하나는, 재학 시절에 상장이 아닌 퇴학예정 통지서를 무려 세 장이나 받아왔기 때문이다. 결국 어머니는 아들 앞에서 눈물을 보이셨다. 부모님의 노력으로 들어간 고등학교였으니 어머니의 눈물 앞에서 더 죄송한 마음이 들었다. 학교에 다녀야 하는 의미를 몰라 나가기를 거부했던 나였지만 마음

깊은 곳에서 찌르르하고 떨릴 수밖에 없었다.

그러나 나는 다시 학교에서 방출당할 위기에 처하게 됐다. 내가 다니던 고등학교는 전학생들이 자주 들어왔다. 내가 3학년 2학기가 되자 문제가 생겼다. 학교에서 할 수 있는 졸업 정원보다 학생수가 많아져 버린 것이었다. 학교에서는 해결 방법이 필요했고, 문제 학생을 퇴출하는 방법으로 결론 내려졌다. 내가 그 대상에 선정된 것은 당연한 결과였다.

어머니는 그 결과를 받아들이지 않으시고 교문이 닳도록 학교를 오가셨다. 다행히 어머니의 크고 넓은 모성 덕분에 집에서도, 학교에서도 내 자리를 지킬 수 있었다. 당시 학교에서 모든 걸 묵살하고 나를 퇴학 처리했다면 어땠을까 하고 생각해보았다. 물론 다른 길을 찾았을 수 있었겠지만 어머니 덕분에 조금 더 빠르게 이자리에 오게 된 건 아닐까 싶다.

주변 사람들로부터 요즘 자주 듣는 얘기가 있다.

"사장님은 사업이 잘될 수밖에 없네요. 그렇게 효심이 좋으니 말입니다."

사실 특별한 효도를 하는 것도 아닌데 사람들은 대단하게 본다.
현재 우리 아버지는 94세, 어머니는 85세다. 두 분 모두 연세에

비해 건강한 편이다. 어머니는 외부 활동도 많이 하고 요즘에는 게이트볼에 푹 빠져서 날마다 바쁘시다. 어머니가 바깥을 나서는 날이면, 아버지는 어김없이 혼자 계셔야 한다. 아버지 친구들은 이미 이 세상 사람들이 아니고, 혼자서는 거동이 힘드시기 때문이다. 그래서 중국에서 사업을 하는 내가 날마다 아버지께 문안 전화를 드리고 있다.

나는 한 달에 한 번꼴로 한국에 오는데, 도착과 동시에 신정동에 있는 부모님 댁을 찾는다. 어머니는 내 도착 시각에 맞춰서 꼭 따뜻한 밥을 준비해놓으신다. 나는 부모님 댁에서 하룻밤을 자고, 다음 날 식사나 외출을 꼭 함께한다. 바빠서 외출하지 못하는 날에는 아버지와 거래처에 동행하기도 한다. 어머니보다 바깥출입이 자유롭지 않은 아버지를 모셔야 하는 건 당연하고, 거래처와의 약속도 지켜야하기 때문이다. 아버지는 약속 장소에 함께 가자는 말에 한 번도 거절하지 않고 좋아하며 따라나서신다. 거래처도 싫은 내색을 비추지 않는다. 오히려 식사를 함께해본 거래처들은 대단한 효심이라며 자신들도 부모에게 전화를 드려야겠다고 말한다.

철없을 때의 나는 부모님 속을 원 없이 썩여보았다. 내가 아무리 효도를 해본다 한들 예전에 고생시킨 것에 비하면 아무것도 아니다. 나는 이렇게 부모님이 건강하게 살아계시는 것만으로 행복하고 감사하다. 내가 나를 운이 좋고 대견하다고 여길 수 있는 첫 번

양변기와 함께 춤추는 CEO

째 이유는 부모님 잘 만난 덕이라고 생각한다. 나의 최고의 복이 부모님에게서 나왔다고 생각하며 살고 있으니 당연히 부모님이 오래도록 건강하길 바라는 마음이 앞선다. 부모님 생전에 말로만 효도가 아니라 이렇게 책을 통해 사랑한다고 할 수 있는 것도 기쁘다.

남다른 학창 시절을 버틸 수 있었던 이유, 그 학창시절 동안 가만히 나의 선택을 기다려준 부모님 덕분에 지금의 내가 세상에 나오게 됐다.

학교는 결국 그 학교를 나오기 위해 다니는 것이다. 즉, 학교를 졸업하든 중퇴하든 학교를 나온다는 점에서 퇴학(退學)이라는 목적을 달성한 것은 동일하다. 더 중요한 건 학교를 떨치고 나와 어떤 인생을 건설하느냐다.

나는 학생들을 만나게 되면 공부를 너무 오래 하지 말라고 말한다. 돈이란 젊었을 때 벌어야 하는 건데 석사나 박사를 따다 보면 젊은 시절이 다 지나간다. 솔직히 내 아들에게도 '공부하기 싫으면 여기서 끝내자. 학위 같은 건 나중에 받을 기회가 있을 거다'라고 말했다.

다들 각자 중요한 하나의 일을 찾아야만 한다. 그게 교과목 위주의 공부는 아니라는 걸 우리 모두 안다. 물론 긴 인생에서 공부라는 것도 필요하다. 하지만 현실과 떨어져서 공부만 파고드는 일은 피했으면 좋겠다는 우려 섞인 조언이다.

공부가 취미인 사람은 공부를 통해 직업을 찾으면 되고, 돈 버는데 취미가 있는 사람은 돈 버는 것을 직업으로 삼으면 된다. 공부는 어차피 꾸준하게 해야 하는 일이고, 공부하기 위해서는 돈이 필요하다. 둘 다 놓치지 않는 게 최고의 방법이지만, 무엇보다 자신이 원하는 일을 향해야만 한다. 자신에게 어떤 게 더 중요한지 남은 몰라도 본인은 알아야 하는 것이 중요하다.

그 시절 내가 했던 고민들은 지금의 젊은이를 이해하는 데 큰 도움이 되고 있다. 나는 공부를 잘하고 가정과 학교에서 예쁨 받으며 자란 아이가 다른 사람을 이해하는 일에 어려움을 겪는 것을 자주 보았다. 남에 대한 관심을 둘 시간 없이, 자기 삶에 치여 살기 때문이다. 실패하거나 좌절하는 일도 없어서 아주 작은 어려움에도 버거워한다. 그렇게 자신의 삶만 보면서 살다 보니 주변을 둘러보거나 이해하는 게 어려울 수밖에 없다.

상하이에서 사업을 할 때, 학업을 위해 부모를 떠나 홀로 생활하는 유학생들을 많이 봤다. 그들 중에는 자신의 목표를 향해 착실히 전진해가는 아이들도 있지만 방황하는 아이들도 여럿 있었다. 가정과 친구들을 떠난 쓸쓸함과 외로움 때문에 상하이의 뒷골목을 방황하는 이들을 보며 나는 이 아이들이 뛰어놀만한 공간을 마련하고 다양한 이벤트로 그 마음을 달래 주고자 청소년사랑선도위원

양변기와 함께 춤추는 CEO

회(이하 '선도위')를 만들었다.

　누구에게나 어려운 일, 아픈 기억이 있다. 그걸 이겨내는 건 개인의 몫이다. 하지만 한 명의 어른이 한 명의 아이, 혹은 다수의 아이를 돌봐주고 미래를 그려주는 일도 어른의 몫이다. 그 일을 못해낸다면, 꿈이 아닌 나쁜 마음을 키우는 아이들이 생겨날지도 모른다. 상해에서 선도위 위원장을 맡았을 때, 내가 제일 먼저 떠올린 것은 세 장의 퇴학예정 증명서였다. 청소년기의 힘든 시기는 누구에게나 온다는 걸 알려주고 싶었다. 물론 나는 지쳐있기보다는 자유로 발을 내딛었다. 그러나 내가 받지 못했던 기회와 어른들의 관심을 이 아이들에게 줄 수 있다면 얼마나 좋을까 하는 마음이 들었다.

　그런 마음으로 매달 마지막 주 금요일이면 나는 선도위원들과 자발적으로 참여한 교민들과 함께 청소년들이 많이 모이는 장소를 돌아다니며 거리 캠페인을 펼쳤다. 상하이를 포함한 중국, 일본, 인도네시아 등 재외한국학교의 교육지원을 위해 나를 비롯해 뜻있는 사람들이 모여 활동하고 있다. 우리의 작은 외침이 어떤 변화를 일으키고 있는지 아직은 알 수 없지만 캠페인은 앞으로도 지속될 것이다.

　한국에서는 흔히 재외한국학교를 국내에 있는 '외국인학교' 정도로 생각해 가정환경이 좋은 학생이 다닐 거라고 생각한다. 그러나 실제로 학교 시설은 많이 낡은 데다, 이마저도 임대해서 사용하고 있는 실정이다. 점심은 급식 시설이 협소해 학년별로 4~5팀으로 나눠 허겁지겁 먹고 있다. 더욱 심각한 것은 국내에서 교장을 제외한 한국인 교사를 파견받지 못해 교사의 수와 교육의 질에 대한 학부모들의 불만이 갈수록 높아지고 있다는 점이다. 그렇기에 재외한국학교에 대한 교육지원에 대해 더 관심을 두고 돕고 있다.

나는 청소년들이 좀 더 즐겁게 생활하며 행복을 느낄 수 있었으면 한다. 아직은 어른이 아닌 '미성년자'이기 때문에 실수도 하고 사고도 치는 것이다. 그러니 어른의 잣대로 혼만 내지 말고 아이들의 눈높이에 맞춰 함께 떡볶이도 먹고 인터넷 게임도 즐기며 그들의 문화를 먼저 이해하고 함께 고민하는 친구가 되어야 한다. 아이들에게 계속해서 기회를 주어야만 그들이 갖고 있는 가능성이 사라지지 않는다.

나는 청소년 시절을 누구보다 컬러풀하게 보낸 사람이다. 청소년 시절 그렇게 다양한 사건이 있었던 이유는 더욱 많은 아이를 살피며 살라는 의미에서 운명일 수도 있다. 어려움을 겪고 있는 청소년들을 보면 젊은 시절 내 모습이 겹쳐졌다.

청소년뿐만 아니라 열심히 자신의 길을 가는 청년들의 뒷모습을 보면 쓰다듬어주고 응원해주고 싶다. 나는 빨리 어른이 되고 싶어서 어른 흉내를 내며 살았지만, 내가 아끼는 젊은 후배들은 되도

양변기와 함께 춤추는 CEO

록 성숙한 생각과 행동을 동반하길 바란다. 내가 해줄 수 있는 일은 많은 시행착오를 겪은 선배로서 조금이라도 더 수월하게 결과를 내도록 곁에서 돕는 것으로 생각한다.

그들의 마음이 지치지 않도록, 꾸준히 격려하고 다 잘될 거라고 따뜻한 말 한마디 할 수 있는 것은 생각보다 어렵지 않다. 나와 관련된 일이 아니면 관심을 가지기 어렵다는 점 때문에 선배는 선배로서 해야 할 일을 모른척하기도 한다. 그렇게 살면 편안할 것 같지만, 정말 가치 있는 인생이 무엇인지 다시 생각해봐야 할 것이다.

스스로가 남을 돕는 기회를 공중에 날려버리고 "허망하다" "외롭다"고 말하는 것만큼 어리석은 일이 어디 있는가. 외롭고 허망하다면, 그렇게 되지 않을 일을 찾아 하면 된다. 그리고 그 일이 청소년과 후배를 위한 일이라면 더 좋겠다.

세 번이나 퇴학예정 통지서를 받은 내가 회사를 일궈가게 될 것이라 누가 상상이나 했겠는가. 물론 그 통지서를 받고도 나는 나의 성공을 예감하고 있었다. 나는 언제든 결국 성공할 거라 믿었기 때문이다.

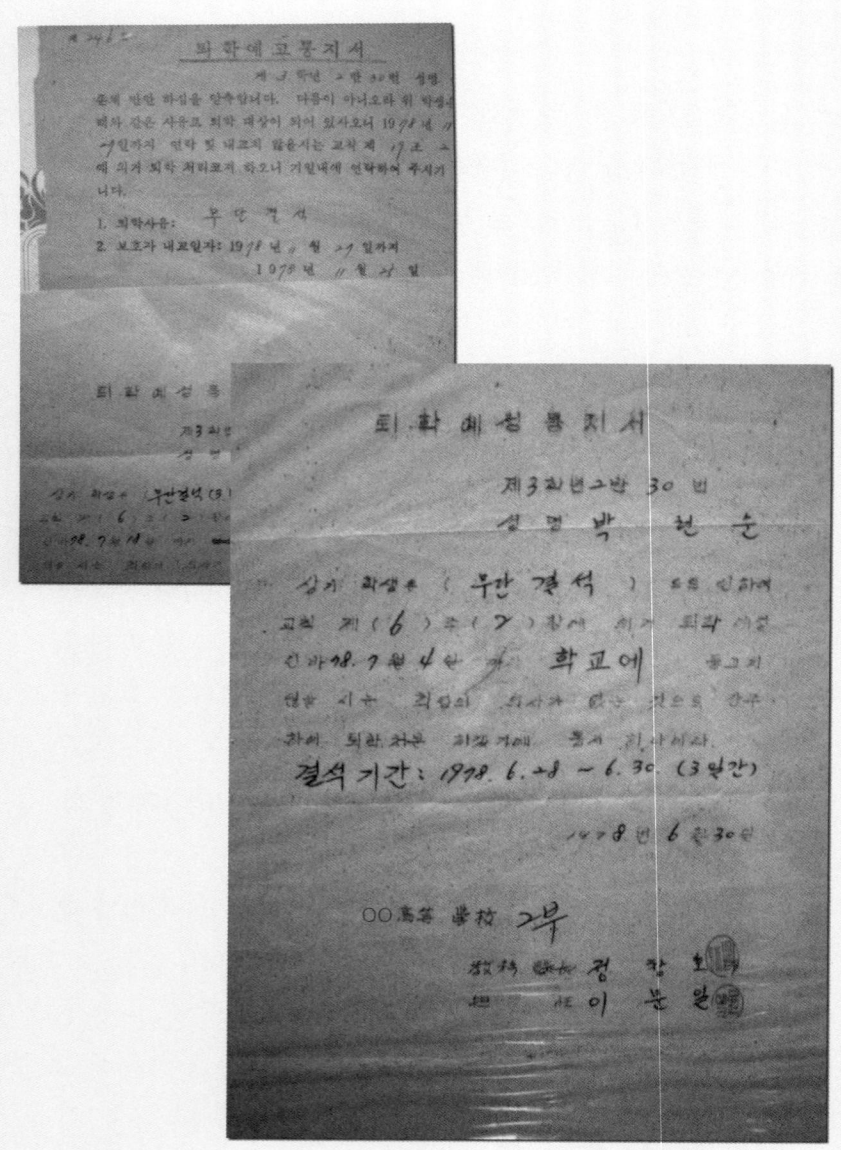

퇴학예정 통지서 3장이 창피하지 않았고 감추고 싶지도 않았다. 나는 통지서 3장을 내려다보면서 "나는 반드시 성공할 놈!"이라고 외쳤다. 미래에 이 통지서가 큰 추억이 될 거라 생각했고, 다리미로 잘 펴서 현재까지 40년 동안 보관하고 있다.

처음이자 마지막 직장

1982년, 나는 천안에 있는 전문대를 졸업했다. 지금은 비록 사라진 대학이지만, 당시에는 막 새로 생긴 대학이라 나는 디자인과 2회 졸업생이 되었다. 두 손에 쥐어 있는 거라곤 아무도 모르는 전문대 졸업장 하나였다. 졸업장도 어떻게 내 손에 오게 되었는지 나조차도 의아스러웠다.

나는 무작정 상경했다. 일자리를 부탁할만한 선후배나 동문도 없이 맨몸으로 인력시장에서 경쟁해야 하는 상황이었다. 하지만 요즘으로 말하자면 스펙이라 할 만한 게 하나도 없었던 나를 써줄 눈먼 회사는 없었다. 여러 회사에 입사지원 서류를 냈지만, 연락이 오는 곳은 한 군데도 없었다.

그러던 어느 날, 신문에서 무역 회사 구인광고를 발견했다.

'4년제 대졸 이상 무역팀 직원 구함. 목공기계, 볼링 기자재, 무역 오파'

이제 갓 전문대학교를 졸업했고 더군다나 무역에 대해서 무엇 하나 알지도 못했지만, '인터내셔널'과 '무역'이란 단어에 오금이 저려왔다. 무작정 이 회사에 입사해야겠다는 생각이 들었다. 당시 동인천에서 갖가지 수입품을 싣고 오는 배를 보고 자란 나는, '무역'이라는 단어를 보기만 해도 상상의 나래가 펼쳐졌다.

나는 동인천역에서 배포를 키운, 창의적이면서 긍정적인 사람이다. 강렬히 원하면 이뤄질 수 있음을 믿었다. 나는 집에서 여러 차례 입사 면접 예행연습을 하며 사장이 나를 뽑을 수밖에 없는 대답을 준비했다. 구인광고에서 원하는 조건에 대해서는 개의치 않고 무역상사에서 일하는 나를 떠올렸다.

무작정 지원서를 제출하고 면접일에 양복을 갖추어 입고 회사로 찾아갔다. 면접장에는 실무자들만 있었는데, 몇 가지 질문을 하더니 이내 질문이 나오지 않았다. 나는 꼭 입사해 일을 배우고 싶다는 오기가 생겼다. 어떻게든 확률을 높이고 싶었던 나는 정식 면접이 끝날 무렵 말했다.

"사장님을 뵙고 꼭 드릴 말씀이 있습니다."

양변기와 함께 춤추는 CEO

실무자들이 나를 위해 사장을 부를 거라는 확신은 없었다. 그러나 때마침 화장실에서 나온 사장이 내 말을 듣고는 무슨 일이냐고 물었다.

나는 매일 밤 집에서 무역회사에 다니는 나를 상상하며 연습한 말을 했다.

"안녕하세요, 사장님! 스물두 살 박현순입니다. 공부에 취미가 없어 4년제 대학을 못나왔습니다. 하지만 무조건 놀았던 건 아닙니다. 중학교 때는 전자제품 조립을 하기도 했고, 탁구를 좋아해 밤새도록 탁구장에서 시간을 보낸 적도 있습니다. 고등학교 때는 연기학원과 드럼학원을 다녔습니다. 제가 이렇게 말씀 드리는 이유는, 전 하고 싶은 일에 있어서는 최고가 될 때까지 깊이 빠지는 성격이라는 걸 말씀 드리고 싶어서입니다. 그리고 무엇보다 저는 의리가 있는 사람입니다. 꼭 사장님의 오른팔이 되겠습니다."

사장은 나를 천천히 훑어 봤고, 나는 계속해서 말을 이어 나갔다.

"제가 지금 당장 회사에 도움이 될 수는 없겠지만, 입사 기회를 주신다면 새벽부터 나와 창문과 책상 닦는 일부터 시작하겠습니다. 그리고 이 회사에 없으면 안 되는 필요한 인재가 되도록 열심히 하겠습니다. 그때까지 월급은 안 받겠습니다. 사장님께서 월급을 줘야 하는 직원이라고 생각하실 때 월급을 주시면 됩니다. 출근할 기회만 주세요."

사장의 눈빛이 달라지는 것 같았다. 그리고 물었다.

"정말 월급을 안 받아도 괜찮겠어?"

나는 고개를 끄덕였다. 사장은 미소를 지으며 대답했다.

"그래. 내일부터 와서 배워봐."

내 나이 스물두 살, 내 생에 첫 직장이자 마지막 직장이었다.
아직도 사람들은 어떻게 무보수로 일을 할 생각을 했느냐고 묻는다. 어렵지 않았다. 난 간단하게 생각했을 뿐이다. 남들은 4년 동안 돈을 내고 대학에서 무언가를 배운다. 나는 돈을 내지 않은 채 회사에서 무언가를 배운다. 특별한 기술이 없었지만 무역회사는 내가 배울 수 있는 공간과 사람이 있는 곳이니, 무급은 어려운 선택이 아니었다. 오히려 대학에 입학한 것과 같은 일이었다.

나는 아직도 사무실 앞에서 다음 출근자를 기다렸던 추운 겨울을 잊을 수가 없다.

양변기와 함께 춤추는 CEO

첫 출근을 하던 계절은 겨울이었지만, 내 마음은 이미 봄날이었다. 평소보다 더 추웠던 날씨는 나만 빗겨나간 것 같았다. 당시 살던 집에서 회사가 있는 한남동까지는 한 시간 반이 걸렸다. 사람들이 빽빽하게 서 있는 만원 버스를 2번 갈아탄 뒤 사무실 앞에 도착했지만 문은 닫혀있었다. 신입인 나에게 열쇠가 있을 리 없었다. 나는 오래 다니면서 열쇠까지 도맡을 수 있는 신입사원이 되고 싶었다.

　사무실 문이 열리고 본격적으로 업무가 시작되면, 화장실 구석에 있는 꽁꽁 언 걸레를 찬물로 녹여가며 청소부터 했다. 그리고 사무실 곳곳을 돌아다니며 내가 해야 할 일이 더 있는지, 작은 심부름이라도 괜찮으니 시켜달라고 말했다. 선배들이 외근을 나갈 땐 같이 따라나서면 안 되냐고 묻던 나는 어느새 인기 있는 막내가 되어 있었다. 매일같이 처음으로 출근하고 뒷정리 후 마지막 퇴근을 하니 열쇠가 내 손에 들어오는 건 물론이었다. 손바닥 위 작은 열쇠를 보면, 무역회사의 진짜 직원이 되었다는 생각이 들었다.

　나는 진정으로 회사를 사랑했다. 그 공간을 사랑했고 선배들과 일을 사랑했다. 주말까지 회사에 갈 정도로 푹 빠져버린 게 되었다. 친구들과 만나고 대화를 나누는 일이 중요했던 나에게 더 중요하고, 배우고 싶은 일이 생겼다는 건 자발적이 아닌 이상 일어날 수 없는 일이었다. 무엇보다 일에서 최고가 되고 싶었다. 그 욕심하나가 나를 회사와 사랑에 빠지게 만들었다.

하지만 나는 이렇다 할 기술이 있거나 실무를 잘 아는 입장이 아니었다. 회사에서 내가 해야만 하는 일을 하나라도 만들기 위해, 할 일을 찾지 못할 때마다 청소했다. 그리고 마음속으로 이곳에서 어떤 성공을 할지 생각했다. 이러한 청소는 마음의 위안만을 준 게 아니었다. 샘플이 있는 쇼룸을 청소하고, 직원들 책상을 하나하나 정리할 때마다 어떤 상품이 있는지부터, 현재 진행하고 있는 일들이 보였기 때문이다. 각종 카탈로그나 문서들을 정리하면 비로소 무역이라는 일이 얼마나 굉장한 일인지 다시금 확인하게 되었다. 나는 그렇게 회사의 작은 일부터 시작했다. 물론 그 소소한 일들이 실무와 직접적인 관계가 있지는 않았지만 앞으로 어떻게 일을 하겠다는 걸 정리할 수 있는 시간, 직원들에게 신뢰를 줄 수 있는 시간을 만든 것이다.

아무것도 모르는 말단부터 시작해 회사의 중심업무를 할 때까지 나는 한 직장에서 많은 걸 경험했다. 수십 년 동안 직장 생활을 한 누군가의 경험이 별로라거나, 더 귀하다는 건 아니다. 다만 나는 그 짧은 시간에 많은 것을 변화시키기 위해 낮과 밤을 가리지 않고 노력했다는 것이다. 덕분에 회사를 운영하는 지금 직원들의 작은 변화에도 알아차릴 수 있고, 직원들의 애로사항까지도 충분히 눈치챌 수 있게 되었다.

양변기와 함께 춤추는 CEO

생애 첫 명함

무역팀 '미스터 박'은 이렇게 세상에 등장하게 되었다. 하지만 모든 일이 쉽게 이루어지지는 않았다. 처음 입사한 후 줄곧 예쁨 받는 막내였지만, 회사의 분위기는 점점 달라지고 있었다.

처음 회사에 들어갔을 때 9명의 직원이 있었다. 하지만 5개월 후, 그 회사에 남은 사람은 월급 안 받는 직원인 나뿐이었다. 회사 사정이 나빠지자 직원들이 하나둘 떠나가기 시작한 것이다. 회사를 떠나는 직원들은 내게 계속 회사에 남아있을 거냐고 물으며 걱정했다. 점점 어려워질 게 분명하다고 말했다. 그러나 나는 그들의 걱정과 다르게 신이 났다. 입사 때 큰소리쳤던 일이 생각보다 빠르게 다가오니 그럴 수밖에 없었다. 입사한 지 6개월 만에 사장

의 오른팔이 된 것이다.

내가 입사한 무역회사는 한 가지 품목만 수입하는 회사가 아니었다. 회사 내 담당자별로 취급 아이템이 달랐다. 목공기계에서 가스밸브, 볼링기자재와 세탁기 등 다양한 물품을 취급하고 있었다. 무역이라는 일의 특성상 생산 공장이나 창고, 재고 없이 카탈로그 하나로 물품은 판매하고, 계약되었을 때 정식 수입을 하는 것이었다. 가시적으로 보이는 제품을 판매하는 것이 아니니 쉽지 않았던 모양이다.

나는 직원들이 모두 떠나가는 상황에서 나를 믿고 뽑아준 사장을 배신할 수 없었다. 내 예상보다 빠른 시간에 사장의 오른팔이 되었으니 배신은 절대 일어날 수 없는 일이었다. 전처럼 청소만 하고 있을 수는 없었기에, 나는 사장에게 나가서 돈을 벌어보겠다고 말했다. 그러자 사장은 책장에 꽂혀있던 이탈리아 타일 카탈로그를 주면서 나에게 영업을 해보라고 했다.

"을지로에 타일 가게들이 많이 있으니 가서 보면 주면 다 알 거야. 주문만 받아와라. 중도금 받아오면 그걸로 무역하는 거다."

사장의 말이 어쩐지 '어디 한번 해봐라' 라는 뉘앙스였지만, 개의치 않았다. 나는 사장의 말을 곧이곧대로 믿고 을지로 타일 가게로 나섰다. 하지만 일단 우리에게 타일을 사겠다는 계약을 맺고 나면 외국에서 타일이 올 거라고 말을 누구도 믿지 않았다. 사람들은 나를 아무 카탈로그를 들고 다니는 뜨내기 혹은 사기꾼 정도로만 인식했다.

나중에 안 사실이지만 다양한 물건을 취급하던 우리 회사에서 타일에 대한 기대감은 아예 없었다고 한다. 사장조차도 기대 없는 시장이라고 확신했고, 그저 맨 처음에 눈에 띈 카탈로그를 던진 거였다.

나는 을지로를 돌아다니며 내 말이 거짓이 아니라고 가슴을 열어 보여주고 싶은 심정이었다. 이렇게 연일 영업에 실패하자 왜 직원들이 회사를 떠났는지 조금은 이해되기도 했다.

한국에서 주문을 받아야 외국회사에 오더를 넣을 수 있는데, 사실 물건이 언제 올지 당최 기약은 없었고 막막해진 미래를 견디지 못해 하나 둘, 회사를 그만둬 버린 것이다. 하지만 그런 상황에서도 나는 감사해했고 회사 생활에 만족했다.

'사장의 오른팔'이라는 것 외에 나를 버티게 하는 게 하나 더 있었다.

INTERNATIONAL COMPANY, 무역팀 명함.

35년 전 그 당시만 해도 나에게는 최고의 명함이었다. 그것은 퇴학예정 증명서를 세 장이나 받았던 내가, 세상에 내보일 것이라곤 맨몸뚱이 하나뿐이었던 내가, 이제 세상에 보여줄 수 있는 단

하나의 증명서였기 때문이었다.

　사람이란 결국 자신의 존재를 증명하기 위해 살아간다. 남들에게 예쁘게 보이기 위해 좋은 옷을 골라 입고, 좋은 곳에 가서 좋은 음식을 먹으며 사진을 찍어 남들에게 자랑하고 싶어 한다. 그러면서 신바람이 일어나고 뿌듯함을 느낀다. 나 역시 내 존재를 세상에 알리고 싶었다. 나에게 명함은 세상에 내 존재를 드러낼 수 있게 하는 무기와 같았다. 이제 나도 무기가 생겼으니 세상에 나를 알릴 시간이었다.

　버스와 지하철 그리고 도로에는 온통 사람들로 넘쳐난다. 한데 섞어 휘저으면 커피처럼 진하게 녹아버릴 것만 같은 새까만 머리들. 언뜻 비슷한 모습으로 언뜻 비슷한 방향으로만 걷고 있는 것처럼 보이지만, 각자 자기만의 길을 따라 발을 움직이고 있다.

　'인생이 다 거기서 거기지'라고 말하면 진짜 거기, 그 수준 밖에 못살게 된다. 인생이 그게 그거라는 그 속에 포함되면 그 순간 인생은 멈춘다. 하향 평준화된 상태로 바닥만 보고 있는 꼴이 되는 것이다.

　빈 뱃속에 빈손. 당시 내겐 명함 한 장이 전부인 것처럼 보였지만, 그 종이 속에는 나의 '정체성'이 선명한 글자로 박혀 있었다. 글자는 몇백 마디의 말보다 더 큰 효과를 나타낸다. 그렇기에 무서운 것이다. 나보다 사회생활을 오래 한 선배들이 알려주지 않았어도 젊은 시절의 나는 알고 있었다.

'인쇄된 글자'의 가치를 말이다.

사실 다른 직장을 다니고 있는 사람들도 다 가지고 있을 정도로 명함은 흔한 것이었다. 하지만 삶을 살아가는 데 있어서 반드시 무겁고 비싸고 엄청난 것들이 있어야만 스스로가 굉장해지는 건 아니다. 나는 오직 그 명함 한 장을 귀하게 여겼다. 내가 영업을 뛰며 건넨 명함이 사람들의 손에 바로 구겨지거나 군밤을 싼 종이에 섞여 쓰레기통으로 바로 직행하더라도, 나는 다시 사람들에게 명함을 건넸다.

"안녕하십니까. 무역팀 박현순입니다."

좀 더 기분 좋게, 상쾌한 아침처럼, 내 꿈을 담은 명함을 세상에 뿌렸다. 나는 더 오랜 시간 동안 그 명함을 오래 지키고 싶었다.

"이탈리아에 있습니다"

입사 후 처음으로 사장이 이탈리아 타일 카탈로그 한 권을 던져 주고 을지로로 가라고 했을 때, 나는 사무실을 둘러보고 사장에게 물었다.

"사장님, 우리 회사 창고는 어디에 있나요?"

사장이 말했다.

"우리 회사 창고는 이탈리아에 있지."

이탈리아라니. 나는 사장의 말을 의심 없이 믿었다. 회사 사정이 안 좋아진다고 해도 이탈리아에 창고를 둔 것은 대단하다고 생각했다.

사장은 고객이 선생이라 생각하고, 일을 배운다는 마음으로 영업하라고 말해줬다. 하지만 먼저 고객이 있어야 선생으로 모실 수 있는 법이었다. 고객도 선임도 없는 상황에서 나는 어떻게 해야 할지 잠깐 고민에 빠졌다. 하지만 고민해봤자 해결되는 건 아니었다. 모두가 떠난 회사에서 나 혼자 하는 아이템이 있다는 걸 즐거운 일이라고 믿었다. 스스로 일을 배울 수 있겠다는 생각에 기대도 컸지만, 무엇보다 누군가를 만나는 일의 즐거움이 더 컸다. 결국 그날 밤 나는 잠을 설쳤다.

다음 날 아침, 일찍 일어나 하얀 와이셔츠에 빨간 넥타이, 파란색 바지와 노란색 재킷을 걸쳤다. 그리고 은색 구두를 신고, 검은색 007가방을 들고 집을 나섰다. 정류장의 많은 사람이 나를 바라봤다. 나는 속으로 생각했다.

'역시 내가 좀 멋있지.'

내 나이, 스물둘. 창피함도 모르던 젊은 시절이었다. 그렇게 나는 을지로로 발을 옮겼다. 처음 방문한 을지로2가 타일 가게 주변에서 두리번거렸다. 막상 을지로에 왔지만 어떻게 해야 할지 몰랐다. 가장 가까이에서 점포 청소를 하고 있는 사장에게 다가갔다.

"안녕하세요, 사장님. 타일 샘플 좀 보여드리겠습니다."

사장은 나를 위 아래로 훑어보더니 우선 들어오라고 했다. 나는 내가 들고 온 카탈로그를 한 장, 한 장 넘기면서 보여드렸다. 사장은 찬찬히 살펴보며 고객도 끄덕였다. 상대가 긍정적인 반응을 보이니 나는 더 열심히 설명을 했다. 이내 사장이 말했다.

"야, 니네 타일 예쁘고 좋다. 시중에 나와 있는 거랑 다르네. 너희 창고가 어디 있냐? 가보자!"
"창고요?"
"응. 창고를 가봐야 물건을 보고 결정하지. 어디야?"

나는 사장에게 들은 대로 말했다.

"저희 창고는 이탈리아에 있습니다."

사장은 눈을 동그랗게 뜨고 몇 초 동안 말을 잇지 못했다.

"뭐라고? 야 이 새끼야, 너 지금 나랑 장난해! 하여간 오퍼상놈

들 다 사기꾼이야! 어디 창고도 물건도 하나 없이 사기 처먹으려고 해? 당장 꺼져!"

그렇게 가게 밖으로 내쫓기다시피 나왔다. 다리가 떨리고 심장이 쿵쾅거렸다. 창고가 어디 있느냐고 묻기에 알려줬을 뿐인데, 도대체 무엇이 잘못된 것이란 말인가? 나는 그 이유를 알 수 없었다. 뒷골목에 가 찬찬히 담배를 피웠다. 그리고 생각했다.

'그래, 다른 가게로 가 보면 되는 일이지.'

옆 가게로 가고, 또 그 옆 가게, 그 옆 가게에 옆 가게까지. 수십 개의 가게를 들렀지만, 하는 얘기들은 다 똑같았다.

"물건을 가져오면 사줄게. 우선 직접 보자."

나는 항상 같은 말을 들었다. 6개월 동안 가게 들르는 일을 거르지 않고 매일같이 찾아가 같은 카탈로그를 펼친 채 하나하나 설명을 했다. '먼저 계약이 성사된 상태에서 물건이 바다를 건너온다'는 무역시장을 이해하기 위해 노력했지만 좀처럼 쉽게 잡히지 않았다.
어느 날 사장은 일이 어떠냐고 물었다. 나는 솔직하게 얘기했다.

"우리가 파는 물건이 한국에 있다면, 잘 팔 수 있을 것 같습니다."

사장은 말했다.

"미스터 박! 우리는 무역회사다. 무역은 우리나라에는 없는 물건, 우리나라 사람들에게 필요한 물건을 소개해주는 거다. 그 사람들이 이탈리아 타일을 직접 수입할 수 없으니까 우리가 필요한 거야. 그러니까 전 세계 공장들에서 나오는 모든 물건이 우리의 상품인 셈이지. 그럼 당연히 그 회사 창고가 우리 창고인 거야. 물건들고 가서 돈 받는 일은 학교를 안 나와도 할 수 있어. 그 사람들이 이탈리아 가서 영어로 상담하고 결제해야 할 모든 업무를 우리가 대신해주고 있는 거란 말이다. 어차피 그 사람들은 그 일 못 한다. 알겠나! 이게 바로 무역이다."

사장 말을 듣고 보니 모두 맞는 말이었다. 물건 들고 가서 파는 일은 셈만 할 줄 알아도 할 수 있는 일이었다. 나처럼 국내에 없는 상품 카탈로그나 샘플 하나 들고 가서 견적을 내주고, 상담해서 계약금 받고 물건 도착시킨 다음에 잔금 받는 일이 진짜 무역인 것이다.
　무언가 이해한 것 같지만 여전히 어려웠다. 집에 들어와 방 안에 박혀 생각만 하는 나에 대한 걱정이 커졌는지, 부모님은 일에 대해서 물었다. 나는 사장에게 들은 그대로, 하고 있는 일을 설명했다.

양변기와 함께 춤추는 CEO

설명을 들은 부모님은 펄쩍 뛰셨다.

"야! 물건 갖다 주고 어음 받는 것도 어려운 게 영업이다. 근데 창고도, 물건도 없이 그림 보여주고 물건을 판다고? 그건 유령회사야! 사회 첫발이 얼마나 중요한데 그런 회사에 다닌다는 거냐. 관둬!"

하지만 나는 그만둘 수 없었다.

'전 세계 상품은 전부 우리 회사의 것이다. 나는 그것을 우리나라 업체에 소개하고 계약을 하면 된다. 우리 회사 공장은 세계 전부다.'

이 믿음이 이미 마음속 한가운데 자리 잡았기 때문이다. 그것이 얼마나 바보 같은 믿음이었는지는 한참 후에야 알게 되었지만, 그 순수한 믿음이 8개월간 월급 한 푼 받지 않고 나를 뛰게 한 힘이었다. 하얀 거짓말이건, 검은 거짓말이건 그때 사장이 나에게 해준 그 말은 내가 세상에서 당당하게 서도 된다는 확인서와 같았다. 사장의 그 말은 순진한 청년의 가슴에 불을 당겨주었다.
만약 이때 사장이 권하는 일이 무리한 일이라며 피하려고만 했다면, 나는 인생에 한 번 정도 오는 최고의 기회를 잃는 것과 같았을 것이다. 어려운 일일수록 절호의 기회라는 걸 그때 처음 알게 되었다.

누군가와의 만남은 인생을 송두리째 바꿔줄 수도 있다. 내게는 첫 직장 사장과의 만남이 그랬다. 요즘 많은 사람이 좋은 '리더십'이 무엇인지에 대하여 책을 읽고 강의를 듣는다. 내 생각에 가장 좋은 리더는 '비전을 심어주는 리더'다. 그때 사장과 동고동락을 하면서 직접적으로, 간접적으로 배운 것이 많았는데 나에게 무역이라는 것을 한 마디로 정의해주던 그 순간을 나는 아직도 잊을 수 없다.

우리나라는 막 국내에서 외국시장으로 눈을 돌리고 있던 시기였다. 그러다 보니 무역에 대한 인식은 아직 미성숙한 단계였다. 특히 무역에 이해가 없는 사람들이 보기에, 무역은 뜬구름 잡기처럼 느껴졌을 것이다. 하지만 사장은 나에게 세계를 내다볼 수 있는 감각을 키워주었다. 짧고 강한 이 정의는 어느 대학을 가도 배우지 못했을 것이다. 나는 이 간결한 정답을 현장에서 직접, 몸으로 배웠다.

이제 막 사회에 첫발을 내디딘 햇병아리인 내가 영업을 해야 하는 상대는 10년 이상의 나이 차가 있거나, 어느 분야에선 전문가급의 지식과 경험을 가진 사람들이었다. 하지만 내가 상대해야 하는 사람들의 수준은 나중에 내가 회사를 차렸을 때도 마찬가지일 터였다. 지금 무섭다고 피하면 다시는 못 할 일이었고, 무엇보다 중요한 건 내 어깨엔 회사의 미래가 달려 있다는 사실이었다. 나는

양변기와 함께 춤추는 CEO

일찍부터 내 미래를 위한 연습을 하고 있다고 생각했다.

대부분의 고객은 나를 어린아이 취급하기 일쑤였고 나는 최대한 그들 앞에서 실수하지 않고자 노력했다. 그리고 고객과의 약속은 무조건 철저하게 지켰다. 나이 많고 연륜 있는 고객에게 맞추려면 더 많은 것을 신경 써야 했다.

무작정 앞으로 달려가고, 잠시나마 어떤 성과를 얻는다고 해서 잘살고 있는 것은 아니다. 틀린 방향으로 마구 달리다가는 자칫 멀쩡한 무릎만 깨지기에 십상이다. 보다 멀리, 보다 크게 눈을 뜨고 세상을 보는 것은 그래서 중요하다. 사기꾼 취급을 받으면서도 내가 영업을 뛸 수 있었던 것은 지금의 상황이 아닌, 더 큰 세상을 바라봤기 때문이다.

입사하고 몇 년 후 이탈리아 MODENA 타일공장으로 출장을 갔다. 출장길 공항에서…

새벽을 여는 을지로 셔터맨

직원들이 사표를 내고 나간 후, 직원은 오로지 나 혼자만 남게 되었다. 첫 회사에서 내가 가장 먼저 배운 기술은 바로 '위로'와 '의리'였다. 남들이 보기에 나는 나 하나도 건사하지 못하는 풋내기였으나 나는 실의에 빠진 사장 다독이는 법을 알고 있었다.

"힘내세요. 사장님, 제가 열심히 해서 사장님이 제게 월급 주실 수 있도록 하겠습니다."

돈이 없어 길거리 포장마차에서 점심을 때웠다. 3백 원짜리 라면과 공깃밥으로 사장과 나는 헛헛한 마음과 빈 뱃속을 달랬다. 때로는 점심시간조차 아까워 굶고 일할 때도 있었다. 내 힘으로 해보겠다는 오기, 그리고 나를 믿고 채용해 준 사장에게 이번에는 내가 보답하고 싶다는 마음 때문에 포기할 수가 없었다.

큰소리는 쳤으나 실적이 없으니 잠도 오지 않았다. 당장 내일을 알 수 없는 게 인생이라 하더라도 정말 내일 일이 어찌 될지 알 수 없었으니 말이다. 그럴 때마다 나는 이불을 박차고 자리에서 일어났다.

먼 하늘에서부터 새벽이 밝아오면 첫차를 타고 을지로로 향했다. 일요일의 을지로는 한가로운 풍경이었다. 대부분이 문을 닫는 요일이자, 영업하는 경쟁사가 없었다. 을지로 전부가 내 홈그라운드 같았다. 자신 있게 뜀박질을 하고 무엇이든 할 수 있는 특별한 요일이었다. 나는 그 독무대를 더 넓히고 싶었다. 나의 고객들과 세상이 아직 잠들어 있는 시간, 달리는 사람은 나밖에 없는 것 같았다. 그때가 나만의 무역을 시작하게 된 순간이었다.

제갈량의 병법 중에 '칠종칠금(七縱七擒: 일곱 번 잡았다가 일곱 번 풀어준다는 뜻으로, 상대를 마음대로 다룸을 비유하거나 인내를 가지고 상대가 숙여 들어오기를 기다린다는 말)'이 있다면, 나에겐 '셔터의 전술'이 있었다. 일곱 번 잡고 일곱 번 풀어줄 만큼의 인내력은 아무것도 아니었다. 나는 겨우 일곱 번 만에 끝낼 생각이 없었다.

그 어두운 을지로 새벽, 문을 여는 상점이 보이면 나는 득달같이 달려가 셔터를 올려주었다. 내가 누구인지, 뭐 하는 사람인지 소개도 하지 않았다. 무거운 물건을 들고 가는 사람이 있으면 같이 옮겨주고, 누군가 청소를 하고 있으면 같이 청소를 했다. 그리고 다른 상점 문이 열리는 게 보이면 또 그곳에 가서 셔터를 올려주었다.

그렇게 새벽 6시부터 8시까지 을지로 상점의 거의 모든 셔터를 열었다. 그리고 8시가 되면 회사로 출근했다. 회사에 사람이라고는 사장님과 나뿐이었지만, 그래도 출근은 정시 전 도착하도록 노력했다. 아직 우리는 건재하다는 것을 서로에게 확인시켜주기 위해서, 또 '나는 지금 출근하고 있는 직장이 있으며 일을 하고 있다'는 것을 나 스스로에게 확인시켜주기 위해서였다.

같은 업종의 상점이 나란히 이어져 있으면 본래 그중 한 집에 얼굴을 비추고 옆 가게는 바로 들어가지 않는다. 빙 돌았다가 다시 그 자리로 되돌아오게 마련인데, 나는 모든 가게를 하도 들락거리다 보니 차례대로, 연속으로 가게에 들렀다. 영업하다 식사시간이 되면 그냥 아무 가게에 엉덩이를 들이밀고 들어가 밥을 얻어먹었다.

내 미래의 고객들은 그런 나를 어이없어하거나, 재미있어하거나, 이상하다고 생각하면서도 자신들의 밥을 덜어 주었다. 새벽마다 조용히 나타나 일을 도와주고 조용히 사라지는 청년이 나라는 것을 알게 되었기 때문이었다.

양변기와 함께 춤추는 CEO

그들은 밥 한 숟가락을 더 퍼주며 늘 나에게 충고했다.

"아직 젊은데 되지도 않을 일에 목숨까지 바칠 이유는 없어. 세상은 넓고 분명 더 가치 있는 진짜배기 일을 찾을 수 있다니까. 그러니 조금만 눈을 돌려봐라. 세상에는 더 좋은 직업이 많아. 너는 영리하고 똑똑해 보이니 잘 할 수 있을 거야."

그들의 말은 늘 비슷했다. 하지만 나는 그들의 그런 말을 귀담아 듣지 않았다. 내 생각과 다른 이야기로 스스로의 믿음을 무너뜨릴 수 없었다.

한 번은 을지로에서 번번이 거절만 당하고 보니 다른 길을 찾아봐야겠다는 생각이 들었다. 그러다 여의도 건설사 쪽으로 눈을 돌렸다. 하지만 여의도도 어려운 건 마찬가지였다. 나를 잡상인 취급하는 경비에게 매번 팔을 잡혀 한참을 설명해야 정문을 통과할 수 있었다. 한강에서 불어오는 찬바람과 나를 대하는 건설회사 자재부 사람들의 냉소적인 반응에 마음까지 얼어붙었다.

겨울에는 007가방을 든 손이 얼어 화장실 라디에이터에 손을 녹여가며 사무실을 방문한 적도 많았다. 팔을 잡히면 잡히는 대로 나가버리고, 팔을 안 잡히면 그대로 그 안으로 돌진이었다. 그렇게 어렵사리 담당자들을 만나도 얘기할 수 있는 시간은 고작 5분이었고, 그마저도 만나주지 않을 때가 더 많았다.

그래서 생각해 낸 방법이 명함을 건네받고 나면 반드시 저녁에 편지를 썼다. 내용은 이런 식이었다.

부장님, 안녕하세요. 오늘 오후에 찾아뵈었던 박현순입니다. 바쁘신 와중에 귀한 시간을 내주셔서 감사합니다. 제가 사회초년생이라 부족한 게 많습니다. 하지만 이다음에는 성공할 사람입니다. 막냇동생으로 생각하시고 많은 관심으로 절 키워주시길 부탁드립니다. 다른 건 몰라도 저는 의리 하나는 제대로입니다.

어떤 많은 부탁을 세세하게 하지도 않고, 그저 정말 고마운 부분에 대해서만 진심을 다해 썼다. 그리고 다음 날 우편으로 편지를 발송했다. 이렇게 편지를 발송하면 다시 만나게 되었을 때 나를 대하는 태도가 99% 달라졌다.

남들은 사서 고생했다고 말했지만, 그 시간은 결코 허투루 보낸 시간이 아니었다. 사람을 만나는 법, 거절에 대응하는 법, 한 가닥의 실마리로도 타인을 상대하는 법. 모든 걸 이때 처음으로 배웠다. 왜 이렇게 세상에는 처음 하는 일이 많은지 모를 지경이었지만, 그것을 '했다'는 것만으로도 스스로 감격에 빠지곤 했다.

을지로의 수많은 가게 셔터를 올리고 여의도 건설사 직원들에게 손수 쓴 편지를 전달하면서도 힘든 줄 몰랐다. 주말까지 반납했던 시절이지만, 그게 억울하다거나 내 시간을 갖지 못하는 게 이상하다는 생각도 들지 않았다. 그때부터 이미 나는 '일은 내 생활의 일부'라고 생각했던 것이다.

모든 직원이 나처럼 일할 필요성을 못 찾을지도 모른다. 개개인의 여가가 더 중요하다고 말하는 사람들도 적지 않다는 걸 알고 있다. 하지만 예비 사장이라는 위치에서 경쟁력을 얻기 위해서는 휴일이 따로 있을 수 없다.

나는 휴일에 일하는 걸 하나의 여가로 여기며 지냈다. 그 덕분에 사장이 된 이후, 주말도 나의 근무시간이라는 생각을 자연스럽게 하게 됐다. 회사를 이끄는 사장의 마인드로 '모든 시간이 근무시간'이라는 생각이 확립된 셈이었다.

첫 직장을 다닐 당시,
한국을 방문한 스페인 타일 공장 사장과 한 컷.

'미스터 박'의 첫 계약

사람들을 만나고, 내 위치를 확인받는 일은 여전히 즐거웠다. 하지만 매번 사무실에 돌아올 때마다 사장의 눈빛에서 기대심을 읽었고, 내 텅 빈 가방을 확인하고 실의에 빠진 표정을 짓는 걸 보았다. 당시 회사 사장님은 줄담배를 피우곤 했다. 입술은 마르고 까맣게 변해가는 얼굴에는 수심이 가득했다. 안쓰러워 보였다. 나는 내가 맡을 일을 멋지게 해내서 내게 기회를 준 사장님께 조금이라도 보답하자는 다짐을 다시금 되새겼다. 하지만 도움을 주고 싶다는 열정만으로도 안 되는 일은 존재했다.

나는 '충성'과 '의리' 같은 단어를 좋아했다. 그리고 사장님의 의견을 거스르지 않았고, 시키는 일이 있으면 그 임무를 완수하려고 최선을 다했다. 그의 말을 들어서 나쁠 것이 없다고 생각했다. '열심히 하면 월급을 더 올려 주겠지'라는 일반적인 생각을 해본 적도 없고, '월급을 더 받았으면 좋겠다'는 욕심을 부린 적도 없었다. 그저 직장 생활이 즐거웠다. 받은 만큼만 일하려 한다면 어쩐지 나 자신이 너무 작아 보일 것 같았다. 사장님이 나를 선택한 게 옳았다는 것을 증명해 보이고 싶었다. 그런 이유로, 조금 어려운 일이긴 했어도 타일 계약 건을 보란 듯이 성사시키려고 노력했다.

나는 30킬로그램이 넘는 샘플 가방을 힘들지 않은 척하며 들고 돌아다녔다. 어디서든 무역회사 직원 대우도 못 받았지만, 전 세계 공장이 바로 우리 회사 창고라는 자신감이 에너지를 넘치게 했다.

그러던 어느 날이었다. 여느 때와 같이 건설사와 을지로를 집처럼, 사무실처럼 출근 도장을 찍던 중에 첫 계약이 터졌다. 영업일을 시작한 지 6개월이 지나고 있을 때였다. 그전까지는 이렇게 열심히 뛰는데 왜 계약이 없는지 이해할 수 없었고, 때로는 속이 터질 것 같았다. 하지만 사람들이 아직 우리의 가치를 몰라서라고 생각하며 더 부지런히 일했고, 좋은 결과를 맞이할 수 있었던 것이다.

6개월 만에 따낸 계약은 컨테이너 2개 분량이었다. 한 컨테이너에 1,700만 원이었으니 3,400만 원 계약을 따낸 것이다. 주문한

을지로 도매상 사장은 회사는 못 믿어도 나는 믿을 수 있겠다며 날더러 보증까지 서라고 했다. 그런 걸 따질 상황이 아니었다. 기꺼이 보증을 서겠다고 했고 다음 날 계약금을 받고 계약서를 작성했다.

두 달 후, 도매상 골목은 발칵 뒤집혔다. '미스터 박 물건'이 들어왔다고 소문이 났고 사람들은 사진으로만 보던 '이탈리아 타일'을 구경하기 위해 몰려들었다. 사람들이 이탈리아 타일을 직접 본 이후로는 주문이 폭주했다. 일손이 달리고 물량이 부족할 정도였다.

얼떨떨한 건 나였다. 이런 상황을 보면서 나는 '일이 이렇게 잘 될 줄 알고 영업을 뛰었던 것인지' 스스로에게 물어보았다. 솔직히 말하자면, 열심히 하면 될 거라고 생각하지 않고 있었다. '막연히 열심히'가 아니라 '절실하게 열심히 하면 분명히 된다'라는 생각을 늘 마음속에 숨겨두었던 것이다. 단단한 마음가짐이 이뤄낸 쾌거였다. 절실함이 있다면 죽은 식물도 다시 살릴 수 있다고 생각했다. 입으로만 살아나라고 말하는 게 아니라, 절실함으로 무장한 채 햇빛과 사랑을 주는 일이라면 말이다.

거의 쓰러져가는 회사를 내가 살린 거라고 자만하지도 않았다. 절실함이 만들어낸 당연한 결과였고, 이 정도로 우쭐해진다면 그건 내 능력을 과소평가하는 일이었다.

양변기와 함께 춤추는 CEO

이 계약은 내 인생에 있어서 첫 단추와도 같은 경험이었다. 내가 대기업이 아닌 중소기업을 추천하는 이유도 이런 경험을 바탕으로 하는 말이다. 내가 겪은 일은 대기업에서는 절대로 경험할 수 없는 일이다. 대기업은 이미 모든 체계가 완벽한 곳이다. 새롭게 뛰어들 수 있는 시장이 중소기업보다 적을뿐더러, 나 혼자 한다고 해서 될 일도 아니다. 혼자 할 수 있는 성과가 다른 모든 부서의 성과에 가려지기 일쑤이기도 하다.

 대기업 직원이 부러운가? 조건이 안 좋다는 중소기업, 그보다 더 작은 영세한 회사에서 사장과 라면으로 한 끼를 때우며 절실하게 일할 수밖에 없는 경험을 왜 이 땅의 젊은이들은 외면하기만 할까.

 완벽한 곳에서 내 역할을 해내는 것보다, 한 회사를 완벽하게 만드는 내가 더 특별하다는 걸 깨닫길 바란다. 이 말은 나를 비롯한 소수만의 외침일 수도 있다. 하지만 첫 회사에서 거의 8개월 동안 공식적인 월급을 받지 않고도 회사에 충성을 다했던 나는 자신 있게 말할 수 있다.

 "큰 꿈을 가진 젊은이라면 쓰러져가는 중소기업과 딱 6개월만 동고동락해봐라. 당신은 회사의 모든 업무를 파악하게 될 것이고 그 작은 회사는 당신의 젊은 피로 활력을 찾게 될 것이다. 당신은 자연스럽게 사장의 오른팔이 되고, 사장과 당신은 서로에게 필요한 존재가 될 것이다."

　내가 가장 잘할 수 있는 일에 몰두할 준비만 되어 있다면 당신도 최고가 될 수 있다. 최고 옆에 먼지처럼 앉아 안정을 구걸하는 삶이 아름다워 보이는가? 아름답지 않아도 편안하다면 만사 오케이인가? 자신의 손으로 인생을 만들어가는 기쁨을 왜 소망하지 못하는가.

　나는 나의 모든 목표를 '성공'에 초점을 맞추고 나서부터는 약속을 실천하는 것이 매우 재밌었다. 나 역시 처음부터 사장이 되려던 생각이 있었던 건 아니다. 그저 진정한 전문가가 되려고 노력한 것이다. 전문가의 경쟁력을 얻기 위해서라면, 남들이 일하지 않을 때도 일해야 할 것이다.

　사장에게 있어서 일은 일이 아니어야 하고, 모든 시간이 근무시간이자 일상이어야 한다. 이러한 훈련은 사장이 되기 전에 마쳐야 한다.

양변기와 함께 춤추는 CEO

여행사 사장도 아닌데

6개월 만에 처음으로 계약을 맺고 난 이후에는 많은 주문을 받아낼 수 있었다. 주변 상인들은 이탈리아에서 타일이 오는 것을 직접 보고 나자 이제는 나의 말을 믿었다. 그 믿음으로 영업에 날개를 달게 되는 신의 한 수를 잡게 된 것이다.

이후로 회사는 더욱더 번창할 기회를 얻었다. 서울 강남 신도시 아파트 신축 바람 덕분이었다. 아파트 신축에 타일 품귀현상이 발생했고 회사는 1년 만에 30억이라는 매출을 올리게 됐다. 35년 전, 14만 원이었던 내 월급은 40만 원으로 올랐고, 수당으로 그때그때 받는 보너스까지 합치면 한 달에 100만 원이 넘는 돈이 나에게 돌아왔다. 매일 내 호주머니에는 가게에서 수금한 몇천만 원이

수북이 들어차 있었다. 처음 영업을 시작하던 땐 상상도 할 수 없던 일이었다. 매일 반복적으로 회사에 현금을 입금하는 일이 신이 날 수밖에 없었다.

그 사이 회사에는 직원들이 늘어났다. 나는 월급 때가 되면 경리과에 확인해 회사 잔고가 얼마나 있는지를 계산한 다음, 모자라는 만큼 수금을 해서 건네주었다. 결혼한 사람에게 우선 지급하고, 총각이었던 나는 가장 마지막에 내 월급을 챙겨갔다.

나는 을지로에만 머물러 있을 수 없다는 생각이 들었다. 또한 우리 회사가 다루는 상품을 이탈리아 타일에만 한정시킬 수 없다고 판단했다. 영업을 하고 수금을 하면서도 다양한 해외 시장을 살펴봐야 했다. 그렇게 해외 시장을 조사하던 중 이탈리아와 인접해 있는 스페인의 타일은 어떤지 알아보기 위해 스페인 대사관에 찾아갔다. 그곳에서 얻은 정보를 바탕으로 스페인의 한 공장을 알게 되었고 해외 방문 첫 나라로 스페인에 가게 되었다.

그리고 첫 방문 이후, 2년이라는 시간이 지난 뒤 스페인과의 무역거래 규모가 대폭 신장을 했다. 우리는 스페인 상무국으로부터 양국무역촉진 공로로 초청을 받기도 했다. 어디에 가서 무엇을 하든 다 잘되기만 하던 때였다.

스페인은 나에게 많은 생각을 심어주었다. 그것은 어떤 영감(靈

█ 양변기와 함께 춤추는 CEO

感)과도 같은 일이었다. 우리나라 이외의 국가를 직접 보고 경험하는 것이, 삶이나 사람을 다양하게 배울 수 있는 일이라는 걸 확신했다.

나는 그때부터 비행기 표를 살 정도의 돈이 모이면 무조건 항공권을 구입했다. 그 버릇 때문인지 35년간의 사회생활 동안 나는 대한항공 200회 비행, 아시아나 205회 비행, 케세이퍼시픽 골드 멤버가 되는 등 총 1,000여 번의 비행 이력을 갖고 되었다. 여행사 사장도 아니면서 뭐 이리 해외를 많이 나가느냐고 의아해하는 사람도 더러 있을 정도였다.

두발이 허공에 띄워져 하늘을 날아갈 때면 나는 상쾌함을 느꼈다. 그렇게 하늘을 날아가며 이왕이면 세계를 나의 배움의 교실로 삼고 싶다는 생각을 하게 되었다. 무역업이라는 직업상 해외 출장이 잦았는데, 일 때문이 아니라도 늘 해외에서 지내기를 고집했다. 나 자신의 가치를 만드는 일이 좁은 사무실이나 거래처에만 있는 게 아니라, 유럽 각지의 공장이나 백화점에도 있다고 생각했다. 스스로 견문을 넓혀 나갔지만, 당시에는 그저 재미있는 일이었다. 돈이 부족할 때는 숙소를 잡지 않고 밤기차에서 자는 방법을 택하기도 했다.

한 번은 이런 일도 있었다. 유럽의 기차 일부는 복도가 있고 6명이 앉을 수 있는 독립된 공간들이 늘어서 있다. 나는 로마로 향하는 새벽 기차에서 아무도 없는 칸에 자리를 맡을 수 있었다. 근데 술과 마약에 찌들고 겉보기에 노숙자로 보이는 남성이 복도에서 나를 노려보고 있었다. 순간 덜컥 겁이 났다. 하지만 약한 모습을 보이면 오히려 더 위협받을 것만 같았다. 나는 한국말로 들어오라고 떠들었다. 그리고 그와 같은 험한 인상을 지었다. 그는 내가 무서웠는지 아니면 이상하다고 생각했는지 내 눈앞에서 사라졌다. 목적지까지 5시간이 남아 있던 때였다. 나는 그 사내가 다시 돌아올 수 있다는 생각에 잠을 잘 수 없었다. 새벽 열차의 지루한 시간을 멍하니 보냈지만, 이런 사사로운 고생은 나중에 얻는 것에 비하면 아무 일도 아니었다. 위험이 닥칠 수 있다는 예측에도 불구하고 나는 늘 가방을 메고 비행기에 올랐다.

사람들은 이런 내 모습에 놀란다. 학교조차 제대로 나오지 않던 사람이 어떻게 그렇게까지 변할 수 있냐고 묻기도 한다. 이건 놀랄 일이 아니다. 선입견일 뿐이다. 학교 다닐 때 공부를 열심히 하지 않은 학생이라고 해서 그 사람의 삶이 게으를 것이라고 단정 지어서는 안 된다. 삶은 언제든 늘 새롭게 시작되기도 하고, 변화하기도 한다. 대개 성실한 학생이 공부를 잘하기도 하지만, 인생은 학창시절이라는 작은 리그만으로 결정되는 게 아니다. 학창시절에 한 번 졌다고 해서 그다음 사회생활 경기에서도 진다는 법은 없다.

비록 학교에 다닐 때 공부도 못하고 퇴학 예정자로 '찍힌 학생'

이었지만 사회에 나온 나는 그 누구보다 성실한 학생이었다. 무역에 관련된 것이라면 무엇이든 배우려고 노력했고 더 큰 무대로 나가서 남들보다 더 많은 것을 보고, 듣고, 느끼고자 했다.

누구나에게 자신에게 맞는 일, 좋아하는 일이 있다. 없다면 언젠가는 생긴다고 믿으면 된다. 실제로 대부분에게 취향이나 기호라는 건 존재한다. 나는 학교 다닐 때의 교육에 흥미를 갖거나 좋아하지 못했을 뿐이다. 그러나 사회에 나와 좋아하는 일, 맞는 일을 찾게 된 것이다.

젊은 사람이 하도 외국을 들락거리니 나중엔 출입국 관리사무소에서 조사를 나오기도 했다. 여행 자유화가 되지 않았던 시절이었고, 여행사 사장도 아니면서 그보다 더 자주 외국으로 나가니 내막을 모르면 의심을 살 만도 했다.

견문을 넓히기 위해 돈만 모이면 비행기를 탔지만, 일할 때는 달랐다. 무작정 찾아가거나, 대책 없이 상대를 만나지 않았다. 우선 미리 방문하려는 나라의 국내 주재 대사관에 찾아가서 나의 사업과 취급하는 제품을 설명하고, 그 나라의 관련 기업을 소개받았다. 그뿐만 아니라 관련 제품을 생산하는 나라의 주요 제품과 만날 기업에 대해 사전에 철저하게 조사한 후 방문했다.

당시에는 인터넷이나 휴대전화기가 존재하지 않았으니, 직접 만나는 방법이 가장 빠른 방법이었다. 해외를 가서 직접 만나는 일은 자동차를 타고 서울에서 경기도 외곽 도로로 미끄러지듯 빠져나가는 정도의 간단한 일이 아니었다. 꼼꼼하게 해놓은 사전조사를 몇 번 더 확인한 뒤에야 비행기에 오를 수 있었다.

일단 외국에 나가면 무조건 그 나라 곳곳을 돌아다녔다. 여행의 기분을 만끽하고자 한 것이 아니라 그 나라에서 열리는 전시회, 무역협회 등을 둘러보기 위한 것이었다. 그리고 주말에는 백화점을 돌아다니며 진열된 상품을 살펴보았다. 이탈리아에 갔을 때도 여유 시간이 생기면 관광지보다는 해외 주거문화에 대해 알기 위해 직접 체험하고 다녔다. 내가 할 수 있는 모든 경제력과 시간을 동원해서 보고 배우고자 했다.

그러다 보니 우리나라와는 다른 외국의 생활공간을 다양하게 접할 수 있었다. 가장 다른 곳은 화장실이었는데, 지금의 '욕실' 개념을 빠르게 배울 수 있던 이유 중 하나가 바로 이러한 외국 방문 덕택이었다. 선진국에서는 욕실을 하나의 '문화 공간' 개념으로 생각하고 있었다. 지금 우리의 욕실도 이와 같은 개념에 많이 가까워졌다고는 하지만, 외국에 비하면 조금 더딘 성장이었다.

당시 선진국에서의 욕실은 개인만의 은밀한 공간으로 인식되어 있었다. 욕조에 가득 물을 붓고 그 안에 누워 책을 읽기도 하고, 음악을 듣기도 하며 휴식을 취하는 공간으로 자리 잡혀 있었다. 누구도 욕실에 있는 그 사람의 시간을 방해하지 않았다. 개인의 욕구

양변기와 함께 춤추는 CEO

를 충족할 수 있는 공간, 끝없는 아이디어가 솟아 나오는 재생의 공간이 바로 욕실이었다.

　사람이 있는 곳에는 화장실과 욕실이 있기 마련이다. 삶의 질은 높아지기 마련이고 아파트 주거가 대중화된다는 생각을 하게 되니, 욕실 산업이야말로 무궁무진한 가능성으로 보였다. 이렇게 고군분투하며 해외를 다니다 보니, 남들이 접하지 못한 새로운 영역을 다양하게 볼 수 있었고 이후 내 사업방향을 정하는 데 결정적인 근거가 되었다.

　스펙의 한계, 작은 나라의 한계, 언어의 한계, 문화의 한계는 늘 겪는 일상과도 같았다. 나는 개의치 않고 모든 상황을 흡수했다. 어차피 나의 인생을 변화시켜야 한다면 그 한계까지도 모두 다 즐거운 공부로 받아들이면 된다. 외국에는 있지만 대한민국에는 없는 물건을 가져와 파는 것이 '나의 일'이었고 나는 무조건 된다는 생각으로 될 때까지 간절하게 임했다. 그 믿음은 부족한 게 많았던 나를 천 번이 넘게 비행기에 타게끔 만든 원동력이었다.

　한계라는 건 사실 자신의 머릿속에서 만들어낸 것이다. '저것이 세상의 끝'이라고 지레 겁먹어버리면 정말로 한 발자국도 더 나아가지 못한다. 젊은 시절, '스펙도 없고 영어도 못 하는데 어떻게 해외에 나가서 영업하냐'며 그 자리에 머물렀다면 지금의 나는 없었다.

　영어 한마디 할 줄 몰라도 외국에 나가 나름대로 통하는 방식을 터득하면 된다. 모든 것에는 나름의 방법이 생기기 마련이다. 이미 모든 것이 준비된 상태에서 원하는 기회가 오기를 기다리지 마라. 그것은 스스로 용기와 능력 없음을 인정하는 것과 같다. 모르면 배우면 된다. 준비 운동만으로 수많은 시간을 낭비하지 말고, 직접 몸으로 부딪히고 시도해야 한다. 그렇게 배우는 것이 내 몸에 배는 습관이 되기 훨씬 빠르다.

나는 의지할 데도 없이 비행기 푯값만 달랑 들고 외국을 드나들면서 이 세상에 못할 것은 없다는 것을 확인했다. 하나하나 직접 경험하면 내 말을 이해할 것이다. 정말 나 자신에게 필요한 일이라면 하나의 잠잠한 생각보다 역동적으로, 수많은 행동을 해야 하는 것. 그리고 그럴 수 있는 일이 진짜 내가 원하는 일이라는 증거이다.

함께 기차와 고속버스를 타고 전국을 돌며 영업한
파란 눈과 노란 머리카락을 가진 이탈리아 바이어와 한 컷

양변기와 함께 춤추는 CEO

나만의 색깔로 무대에 서다

강을 건너는 배와 바다를 건너는 배의 모양은 다르다. 용도가 다르기 때문이다. 하지만 이편에서 저편으로 이어주는 기능을 한다는 점에서는 같다. 번쩍번쩍한 나의 은색 구두는 세상과 나를 이어주고, 거래처와 우리 회사를 이어준다. 나의 은색 구두는 사람과 사람 사이를 이어주고 있는 근사한 배인 셈이다.

나는 사람들과 만나면 어떻게 이야기를 주도적으로 끌고 갈 것인가에 대해서 고민했다. 일단 처음 만나는 사람의 마음을 열기에는 재미있거나 흥미를 유발하는 소재가 효과적이다. 그리고 사람들에게 강한 인상을 남겨, 나를 계속 기억나게 만들고 싶었다. 그래서 나는 은색 구두, 빨간 넥타이, 원색의 양복으로 나만의 스타일을 만들어갔다.

사실 스펙의 목적은 나를 알리는 데에 있다. 그런데 나는 내세울 만한 학벌도, 자격증도, 믿고 의지할 만한 인맥도 없었다. 나에게 있는 스펙이라고는 바로 '나' 자신밖에 없었다.

나는 아침 출근 준비하는 데만 한 시간이 넘게 걸렸는데, 대부분 시간은 거울 앞에서 보냈다. 보통 여자들이 아침마다 메이크업하고 머리 만지는 데 한 시간이 걸린다고 하는데 아마 나는 보통의 여자들보다 더 걸렸을 것이다.

이미 고등학교 때부터 멋을 알고 부리던 나였다. 당시 고등학교 두발규정은 스포츠머리였다. 나는 집과 학교에서 이따금 외출(?)을 했을 때, 고등학생으로 보이기 싫어 가발을 쓰고 다녔다. 당시 영등포 시장 가발가게에서 수많은 가발을 쓰고 벗었다. 나에게 어울리는 가발이 나올 때까지 계속했다.

유별나게 돌아다니는 건 재수할 때도 마찬가지였다. 당시 재수학원은 숙명여대 근처에 몰려있었다. 숙대역 직전에 하차하는 젊은이들은 대부분 재수생이었는데 나는 그곳에서 내리지 않았다. 예쁜 숙대생들 앞에서 재수생이라는 사실이 창피해 일부러 숙대까지 갔다가 돌아오기도 했고, 한 정거장을 더 가서 내리기도 했다. 이왕이면 폼나는 일을 찾는 건 지금이나 예전이나 마찬가지였다.

양변기와 함께 춤추는 CEO

그때부터 아버지의 검정 구두에 은색 락카를 뿌리고 다녔다. 훗날 영업할 때도 은색 락카를 뿌린 구두를 신었는데, 헌 구두였지만 뿌리고 나면 번쩍번쩍한 새 구두 느낌이 났다. 밤에 집에 가보면 바지 밑단이 은색 락카로 물들어있었고, 구두의 부분, 부분은 색이 벗겨진 채 거뭇해져 있기도 했다. 하지만 매일 아침 은색 락카를 뿌렸으니 날마다 새 구두를 신은 셈이었다. 당시 대학생이었던 형의 옷을 입었음은 물론이고 숙대생과 한참 사귀는 일도 있었다.

이렇게 나를 특별하게 포장했던 일에 익숙해지다 보니 무역회사 박현순의 아침은 가히 부잣집 무남독녀의 준비 시간과 같았다. 아침의 한 시간을 가장 빛나는 황금시간이라고 생각하며 보냈다. 누군가에게는 이불 속에 누워 더 자고 싶기도 하고, 건강을 위해 운동을 하고 싶기도 하고, 짬을 내어 공부하고 싶기도 한 시간이다. 특히 나와 같이 영업직에 종사하는 사람들은 매 초가 돈으로 계산될 만큼 시간이 가장 중요한데, 나는 그 귀중한 아침 한 시간을 나를 꾸미는 시간으로 만들었다. 더 중요한 시간이라고 생각하며 투자를 했다는 게 더 맞는 표현일 것이다.

거울을 보며 나를 만들어 가는 시간이 꼭 필요하다고 생각했다. 옷을 고르고 갈아입으며 거울 속의 나와 계속해서 눈을 마주치고 표정을 연습했다. 한여름에도 원색의 양복을 고집했기에 출근 버스를 타면 온몸에서 열기가 뿜어져 나왔다. 어딜 가도 눈에 확 들어오는 옷을 입어서 그 색으로 분위기를 달리하고, 날씨에 따라 향수를 다르게 뿌린 이유는 따로 있다. 처음 만난 거래처에 특별한 기억을 주고 싶어서였다. 약간 어린 생각이었을 수도 있다. 그러나 스물두 살 젊은 청년이 긴장하는 모습을 바라보는 40, 50대의 사장들에게는 그 튀는 모습이 귀엽게 보였을 것이다. 외향으로 굉장히 멋을 낸 사회초년생이 지금 사무실에 들어와서 무슨 얘기를 하려는지 궁금했을 것이고 한마디 조언이라도 더 들려주고 싶어 했다는 건 틀림없다.

노란색 콤비 재킷을 입고 나가면, "미스터 박은 연예인도 아니면서 어디서 그런 옷을 구해 입고 다니냐?" 하며 웃어 주기도 했다. 내가 개그맨 지망생인 줄 알고 가만히 있는 나를 찔러보며 웃겨보라고 한 사람도 있었다.

세상 누구도 열심히 살고 있지 않은 사람은 없다. 나는 그들 정도로 열심히 산다면 아무도 나를 기억해 주지 못할 거라 생각했다. 나는 나를 기억해 줄 사람 한 명을 만들기 위해 노력했다. 그래서 더 뜨겁게 뛰었다.

나만의 특징을 살린 의상으로 강한 인상을 남겼다면, 그 다음은 창의적이고 독특한 인사가 필요했다. 나는 인사란 사람과 사람 사이를 잇는 일종의 예술이라고 생각한다. 남들 다 하는 대로 고개

양변기와 함께 춤추는 CEO

숙여 '안녕하십니까' 하고 인사하기보다는 뭔가 다른 인사가 필요
했다.

누군가는 상황에 맞게, 사람에 맞게 인사법이 각각 달라야 한다
고 하는데 그 말의 반은 맞고 반은 틀렸다. 일단 인사는 상대방에
대한 관심이 바탕이 되어야 더 좋은 효과를 낳을 수 있다. 그리고
인사는 상대방에게 나의 에너지를 주는 방식으로 이뤄져야 한다.
내가 넘쳐나는 에너지로 상대방에게 인사를 했을 때 상대방은 그
가 어떤 상황이든 또 어떤 성품을 가졌든 나를 받아주게 되어 있
다. 이는 마치 물이 위에서 아래로 흐르는 것과 같다. 내가 늘 싱
글벙글 기분이 좋고 열정이 넘친다면 상대방은 그런 기운에 관심
을 가지게 되어 있다.

하지만 내가 늘 기분이 좋을 수는 없는 일이다. 어느 날은 좋은
기분도 고갈이 되기 때문에 충전을 해주어야 한다. 나는 충전 방식
으로 반짝반짝 윤이 나는 원색 양복과 빨간 넥타이, 은색 구두를
갖추었다. 이렇게 옷을 입고 나면 나는 의식적으로라도 충전이 되
었다. 그때부터 내 마음을 디자인한다고 생각했다.

오늘은 왜 노란색이냐? 그 색깔이 참 멋지다, 특이하다, 어떻게
그런 생각을 했어? 쪽팔리지는 않아? 혹시 여자 한번 꼬셔보려고
그렇게 입는 거냐? 등등 나를 향한 사람들의 반응은 참으로 다양
했다. 물론 그 와중에 이런 나를 보고도 한 마디 내뱉지 않는 사람
도 있었지만, 그들도 머릿속엔 나를 향한 느낌표나 물음표를 품었

을 것이다. 이로써 나는 그들에게 궁금한 사람, 알고 싶어지는 사람이 되었다.

남자와 여자가 선을 보는 상황이라고 가정해보자. 그 둘이 첫눈에 반할 가능성은 거의 5분 이내에 결정된다. 처음 만난 5분 동안 어색함이 흐르면 둘은 이미 서로에 대한 호감을 잃어버렸을지도 모른다. 두 사람은 이야깃거리를 찾지만 그러지 못하고 앞에 놓인 커피만 연거푸 마셔댄다. 마침 그때, 원색의 양복과 빨간 넥타이, 은색 구두로 치장한 내가 타일이 든 007가방을 들고 카페에 등장한다. 그런 나를 보고 여자가 웃는다. 그러면 남자도 따라 웃는다. 서로 웃음을 주고받았다면 그날 선은 일단 절반의 성공을 한 셈이다.

어쩌면 나는 내가 상대하는 고객뿐 아니라 내가 의도하지 않은 많은 사람에게 기분 좋은 이야깃거리가 되었을 것이다. 이런 나를 보며 누군가는 혀를 차든지 웃든지 곧 다른 화제로 넘어가버려 나의 존재를 깡그리 잊어버리기도 한다. 그렇다하더라도 그 순간만큼 나는 세상 누군가에게 작은 활기가 될 거라 생각했다. 모든 즐거움은 믿음에서 왔고, 나는 그것만으로도 감사했다.

흔히들 말하는 '쪽팔림'은 순간일 뿐이다. 처음 시작할 때의 작은 창피함을 이겨내자 그 후론 스스로 아무 거리낌도 없었다.

▌양변기와 함께 춤추는 CEO

진행자는 관객들의 분위기를 돋우고 능수능란하게 맡은 바를 진행해 간다. 나는 진행자이면서 지휘자인 셈이다. 지휘를 위해 몇 달간 잠을 줄여가면서 무대를 준비한 뒤, 멋진 연미복을 입고 선 지휘자의 모습은 얼마나 아름다운가. 그는 관객에게 등만 보인다. 하지만 그 뒷모습에도 자신감과 자부심이 가득 차 있다. 나는 세상이라는 무대에 선 진행자가 된 기분이었다. 그렇게 나는 무대 위에서 가장 빛나는 주인공이 되고 있었다.

자신의 삶에서조차 주인공으로 살아가지 못한다면 그 삶은 이미 삶으로서의 가치를 잃은 것이다. 자기조차 사랑하지 않는 사람을 세상에 누가 사랑해주겠는가. 나 자신을 인생 무대의 주인공으로 만들지 못한다면 사랑받고 존중받을 가능성을 스스로 부정하는 일과 같다. 나에게 주어진 시간, 내가 서 있는 그 자리에서만큼은 주인공이 되어야 한다. 그것이 때로는 무모하더라도 일단 자신을 믿어보고 최선을 다해야 한다. 그렇다면 당신도 분명 가까운 미래에 훌륭한 인생의 지휘자가 되어 있을 것이다.

향수의 경영학

나는 막 사회생활을 시작할 무렵부터 6~7가지의 향수를 교대로 사용했다. 그날 의상에 따라, 날씨에 따라 다르게 골랐다. 지금은 남자들도 향수를 많이 쓰지만 1980년대만 해도 향수는 '여자의 물건'이라는 인식이 강했다. 당시 나는 월급도 받지 못하는 상황이었음에도 향수에 대한 욕심만큼은 버리지 못했다.

향수는 늘 최고급으로만 썼다. 비가 내려 습기가 많은 날이면 상쾌한 향을 뿌렸고, 날이 좋은 날에는 은은한 꽃향기 나는 향수를 뿌렸다. 어제 만난 사람을 다시 만나러 갈 때면 어제와 다른 향기가 나는 향수를 뿌렸다. 이는 모든 사람에게 정성을 다한다는 내 마음가짐의 표현 방식이었다. 무역팀의 '미스터 박'으로서 내가

▌양변기와 함께 춤추는 CEO

하는 일에 대한 자부심을 향수로 표현한 것이다. 원래부터 향수를 좋아하는 사람은 아니었다. 오직 기억에 남는 세일즈맨이 되고 싶어서 시작한 일이었다. 상대에게 인상을 남기는 작업에서 가장 쉬운 방법은 눈과 귀, 코, 입으로 차별화해야 했다. 말을 연습하고, 외모를 가꾸고 나서도 부족하다고 느꼈다. 그러다 선택하게 된 게 향수였던 것이다.

향기는 기억과 밀접한 관련이 있다. 어머니가 해주던 김치전 냄새, 오래된 건물의 곰팡이 냄새, 책을 넘길 때나는 종이 냄새, 시골 부엌에서 밥 짓는 냄새, 방역차에서 뿌리던 소독약 냄새 등 우리는 다양한 냄새를 통해 많은 추억을 떠올린다.

고객들에게 의상으로 시각적 각인을 시켰다면 떠날 때는 향기를 남기고 싶었다. 비슷한 향을 맡을 때면 나를 떠올릴 수 있도록 말이다. 향기는 마음을 움직이는 중요한 동기가 된다고 믿었다. 옷뿐만 아니라 여러 향수를 구비해 두고 날씨에 따라, 만나는 사람에 따라 향수를 뿌리는 나를 보며 '남자가 뭘 그렇게까지 해?' 라고 생각할 수 있다. 나는 남들과 똑같은 생리 현상을 겪는 평범한 남자 사람이다. 하지만 무역팀 명함을 가슴에 꽂고 세상에 나갈 때는 일종의 '전투' 를 치르는 마음으로 나가지 않으면 안 됐다.

하지만 이 전투에서 내가 상대하는 사람은 선량한 고객들이다. 전투지만 칼을 휘두른다거나 피를 보지는 않는다. 나의 전투는 일종의 '부드러운' 전투다. 어빙 고프먼(Erving Goffman)은 한 사람 속에 제각기 다른 여러 자아가 있다고 했다. 나는 그의 말에 무릎을 쳤다. 나는 고객의 여러 자아 중, 가장 친화적인 자아를 끄집어내겠다는 의미로 향수를 뿌렸다. 그 친화적인 자아가 나올 때 고객의 마음은 한없이 넓어진다. 누가 무슨 말을 하든, 들을 준비가 되어 있다.

상대방만이 가지고 있는 향기 속으로 내 향기가 섞여 들어가게끔 해야 한다. 상대방의 삶에 들어가 그 사람의 삶을 더욱 향기롭게 만드는 게 중요한 역할이다. 상대방이 가장 어려워하고 힘들어하는 부분에서 가장 숨기고 싶어 하는 부분, 우울해 하는 부분까지. 이런 삶 속까지 향기로운 의미를 더해주는 일을 꿈꾸었다. 그래서인지 영업인의 절반은 철학자고, 나머지 절반은 시인이 되어야 한다는 말이 가장 와 닿는다.

영업자는 상대방을 더 많이 관찰하고 더 깊이 이해할수록 좋다. 몸이 아파 항상 찌푸리고 있는 사람을 만난다면 삶을 견뎌내고 있는 그 자체만으로도 대단한 인내와 용기가 있다고 칭찬해라. 사실, 그런 말은 형식적으로도 할 수 있다. 사람을 형식적으로 만나는 사람들은 온 마음을 내어 사람을 만나는 사람들에게 그건 감정 낭비이자 시간 낭비라고 말한다. 당신도 그렇게 생각하는가? 그렇게 생각한다면 이미 인생에서 경험하게 될 기쁨의 절반은 포기한

양변기와 함께 춤추는 CEO

것과 마찬가지다.

주는 만큼 돌려받는 것이 인생이다. 영업도 인생과 같아서 내가 주는 만큼 실적으로 돌아온다. 내가 고객을 신뢰하면 고객도 나를 신뢰한다. 내가 오랜 시간을 들여 준비하면 상대방도 그 정성을 알아준다. 내가 신용을 쌓는 방식이었다. 그렇게 내 사업의 기반을 다졌고 신용이 진심의 결과이듯 진심을 놓치지 않도록 했다.

의상을 갖춰 입고 창의적인 인사를 건네기 위해 늘 마음을 충전하고 다녔던 나는 하나의 멋진 예술무대 위에 향수를 뿌려 나에 대해 잊을 수 없게 만들었다. 정성을 다해 고객을 만나는 내가 '믿을 수 있는 사람'이라는 생각 하나를 심어주기 위해서였다.

단, 나는 외부적으로 사람들에게 보여주는 나 말고 오직 나 자신만 아는 나의 모습은 남겨두었다. 사람들과 떨어져 조용히 나를 채울 수 있는 장소가 필요했다. 강서 사옥에서 전시관의 맨 위층을 내 사무실로 꾸민 이유도 그런 이유 중 하나다.

책상에 앉아 밖을 내다보면 바로 하늘이 보이는 곳으로, 문만 열면 바로 테라스로 나갈 수 있고 사방을 유리벽으로 만들어 확 트이게 만들어 놓았다. 바쁜 만큼 나를 채울 수 있는 공간은 반드시 필요하기 때문이다. 그래야 다시 새로운 생각이 샘솟고 고객을 진심으로 대할 수 있다.

욕실용품 사업에 뛰어들게 된 계기는 우연과 같았지만, 나는 이 사업이야말로 내가 가장 잘할 수 있는 분야이며 해야만 하는 일이라고 생각했다. 누구에게나 필요하고 없어서는 안 되는 필수적인 공간, 동시에 가장 아름답게 꾸밀 가치가 있는 공간이 바로 욕실이다.

아름답고 쾌적한 욕실은 사람을 회복시키고 다시 사람을 일으킬 수 있는 공간이라고 생각한다. 화장실은 세면기도 하나, 양변기도 하나다. 욕조나 샤워부스도 하나씩이다. 동시에 둘이 사용하는 게 아닌 혼자 사용하는 공간이다. 여자들은 화장을 고치며 새롭게 마음을 다잡고 사회로 나가고, 남자들은 하루를 준비하고 생각할 시간을 얻을 수 있는 공간이다.

지난날, 내가 향수를 뿌리며 스스로 향기로운 인간이 되기를 소망했듯이 이제는 내가 만든 화장실이 에너지를 충전하는 향기로운 공간이 되었으면 한다. 그 일이 하늘에서 내게 내려준 소명이라고 생각했고 나는 소명을 다 하기 위해 지금도 노력하고 있다.

영어 울렁증

오파상이 영어를 못한다면?

당연히 존재 의미가 없어진다. 무역이라는 건 해외의 업체와 관계된 일이다. 세계 공용어로 통하는 영어는 기본이어야 한다. 기본적인 생활 영어뿐만 아니라 무역에 관련된 영어를 능숙하게 해야 하는 게 맞다.

해외의 누군가와 대화를 통해 의견을 나누고 합의점을 찾은 뒤에 계약이 체결된다. 무역은 계약을 통해 돈을 받는 일이다. 그 돈은 직원들의 월급이고, 열심히 일 한 대가이기도 하다. 그러한 계약을 어떻게든 체결되게 만들어야 할 사람은 오파상이다. 그래야 할 오파상이 영어를 못한다는 건 바퀴 빠진 자동차와 다를 게 없다.

무역팀 사원 박현순. 난생 처음 가진 '명함 한 장'은 청소년기 미적응을 끝내고 청년기의 새 인생을 개척하는 희망과 같았다. 당시의 나에게 죽는 것을 제외하면 무엇이든 할 수 있는 원동력 그 자체였다.

　지금 생각해도 즐겁게, 어깨를 뻣뻣하게 세우며 자신 있게 일했다. 월급을 받지 않는 무보수 사원이었을 때도 나는 스스로가 자랑스러웠다. 그런데 어느 순간 쥐구멍을 찾고 싶어졌다.

　입사 후 사장과 함께 바이어들을 만난 날이었다. 호텔로 찾아가 일본, 유럽권 바이어와 식사를 하고 와인을 마셨다. 바이어가 나올 때는 가끔 한국 여성이 동행했는데, 그날도 사장과 바이어 그리고 한 여성과 나는 합석을 했다.

　그들은 즐겁게 대화했다. 때로는 폭소를 터뜨리고, 때로는 진중한 표정으로 연신 고개를 끄덕였다. 그러나 나는 그들과 함께 웃을 수 없었다. 그 자리에서 나는 단 한마디도 알아듣지 못했다. 일본말도 미국말도 몰랐다. 그들이 웃으면 1초 뒤에 따라 웃었다. 그들의 말이 끝날 때 웃을 때인지, 심각한 표정을 짓고 있으니 입을 다물고 있어야 하는 때인지 알기 위해 그들의 표정만 살폈다. 때로는 박자를 못 맞춰 웃을 타이밍을 놓치기도 했다. 겸연쩍음을 수줍은 미소로 달랬다.

다 웃는데, 한 사람만 안 웃으면 분위기가 애매해진다. 사람 대화에서 가장 중요한 '감정의 공감'이 빠졌으니 그럴 수밖에… 내가 그들의 말을 이해하지 못한다는 걸 그들이 깨닫게 되자, 나는 대화 상대에서 제외됐다. 중고등학교 때 공부와 담 쌓았고 전문학교에서 디자인만 배운 나였다. 당시 많은 중고교생의 필독서인 삼위일체 영어도 한 번 본적이 없었으니 당연히 제대로 된 영어문장 한 마디 구사하지 못했다. 영어 울렁증이라는 말도 나에게는 어울리지 않았다. 그냥 영어 자체를 몰랐다.

이런 경험은 그 뒤로도 몇 차례 더 있었다. 집에 돌아오면 내가 한심하다는 생각밖에 들지 않았다.

1983년 사장과 함께 국제타일전시회가 열리는 스페인으로 출장을 갔다. 수입할 타일을 계약하기 위해서였다. 전시회에는 수백 개 업체가 부스를 차지하고 있었다. 각 업체는 최신 제품을 전시하고 관심을 갖는 사람들에게 설명하고 판매 계약을 했다. 사장은 하루에도 30여 업체를 방문하고 상담했다. 좋은 물건을 싸게 사기 위해 길고 긴 대화를 했다. 이틀 동안 60여 업체를 방문한 사장은 극도로 피곤해 보였다.

역시나 무리한 일정, 혼자 모든 것을 감당해야 하는 부담감으로 사장은 몸살이 났다. 내가 영어를 할 줄 알았다면 업체를 혼자 방문하면 됐지만, 나는 영어 한마디도 못하는 무역팀 직원이었다.

영어를 할 줄 아는 사장이 앓아누웠으니 방법이 없었다.

메뚜기도 낯짝이 있다고 했던가. 나는 사장에게 말했다.

"오늘은 제가 다니겠습니다. 사장님은 숙소에서 하루 푹 쉬시면서 몸조리 하세요."

사장은 미덥지 않은 표정으로 말했다.

"미스터 박은 말이 안 통하는데, 협상할 수 있겠어?"
"저만 믿으세요!"

나는 큰소리를 쳤다. 동인천역에서 혈기 하나로 이름 날리던 기세로 호텔을 빠져 나왔지만, 뾰족한 방법이 있는 건 아니었다.

죽기 아니면 까무러치기였다. 몇 업체를 다니며 손짓 발짓을 했다. 당연히 무슨 말인지 알 수 없었다. 설명하는 말 중에서 쉬운 단어 몇 개를 붙잡고 그들의 표정과 손을 눈으로 읽었다. 한국에서는 못 알아들었을 때, 쥐구멍을 찾고 싶었지만 이곳에서는 달랐다. 오로지 나 혼자 감내해야 할 불편이었기 때문이었다. 어떻게든 부딪쳐야만 했다. 몇 군데를 돌아다니면서 외국인에 대한 두려움이 사라졌다. 그리고 나는 품질이 좋아 보이는 타일을 업체를 찾았다.

수출 매니저는 한국에서 온 바이어에게 제품을 팔기 위해 혼신의 힘을 다해 설명했다. 그의 열정은 내가 감탄할 정도로 대단했다. 그러나 역시였다. 내 귀는 무슨 말이지 알아듣지 못했다. 그래도 고개를 끄덕이고, 감탄하는 표정을 지었다. 궁금한 부분을 묻고 싶었지만 아는 영어가 없었다.

상대방은 내가 호감을 보이자 더욱 설명에 열을 냈다. 내가 아는 영어 문장은 열 개도 안 된다. 그 중의 하나를 썼다. "Too expensive!" 매니저는 비싸지 않다는 설명을 하는 듯했다. 나는 "으흠~ 으흠~ 아, 으흠"을 반복하며 제품에 관심 있음을 내비쳤다. 그가 다시 가격을 수첩에 적어 제시했다. 나는 또 "Too expensive"는 말을 했다. 이 과정을 몇 번 반복했다.

나와 상대방은 꽤 오랜 시간 가격 흥정을 했다. 나는 상대 매니저의 손을 터치하며 "We are good friends"라는 말을 반복했고 직원은 처음보다 낮은 액수를 수첩에 적었다. 나는 다시 "Too expensive"와 "We are good friends"를 반복했다. 사실 내가 할 수 있는 영어의 거의 전부였다. 직원은 한 차례 더 낮은 금액을 제시했다. 결국 4달러 제품은 2.8달러까지 낮아졌다.

나는 호텔에 있는 사장에게 전화를 했다.

"사장님, 지금 바로 오실 수 있나요? 제가 2.8달러까지 낮췄습니다."

사장은 아픈 몸을 이끌고 바로 전시장으로 달려왔다. 전날 비슷한 제품을 3.18달러에 사려다가 실패했었던 걸 기억한 사장은 놀라는 표정이었다.

　당시 나는 영어를 못했지만 패기가 있었다. 만약 영어를 잘했다면 아는 체를 했을 것이다. 그러면 대화가 됐고, 직원의 최후 보루인 3.18달러에서 선심 쓰듯 계약에 응했을 수 있다. 영어를 못한 게 전화위복이 된 셈이었다.

　출장에서 돌아온 나는 곧바로 서점을 향했고 두껍지 않은 영어회화 책을 골랐다. 이날부터 통째로 책을 외웠다. 학생이 아니기에 문법은 필요 없었다. 당장 이야기를 해야 했다. 책을 외우고 또 외운 것을 말하는 연습을 하자 간단한 대화가 가능해졌다.

　이후 영어 배우기에 본격적으로 나섰다. 바이어가 입국하면 공항 픽업을 맡았다. 숙소까지 안내하며 어설픈 영어로 쉬지 않고 계속 말했다. 그의 일정을 세심하게 살폈다. 그가 업무적으로 사람을 만날 때 외에는 항상 동행했다.

　나는 바이어를 위한 한국인 친구가 되었다. 호텔에서 무료하게 있는 바이어를 남산, 경복궁, 종묘 등으로 안내했다. 같이 밥 먹고, 같이 구경하며 계속 이야기 했다. 실무 영어를 익혔다. 몇 년 동안 한국을 들른 많은 바이어는 잠자는 시간 외에는 늘 나와 함께 있었다.

나의 007가방

타일 샘플들을 모두 007가방에 넣으면 족히 30킬로그램은 거뜬히 넘었다. 그러다 보니 나중에는 오른쪽 어깨가 왼쪽 어깨와 평형이 맞지 않았고 자연스럽게 근육통까지 심해졌다. 오른쪽 어깨가 결릴 때면 수시로 왼팔로 옮겨 들어보기도 했지만, 금세 습관이 든 오른쪽 어깨로 가방이 옮겨졌다.

결국, 오른쪽 어깨가 심하게 주저앉았다. 별생각 없이 지내다가도 힘들고 아픈 모습이 거래처 사람 눈에도 보일 정도로 통증이 심해졌다. 영업하러 다닐 땐, 늘 밝고 활기찬 모습이 좋다는 건 누구나 다 아는 사실이다. 힘들고 무기력한 표정은 영업에 도움이 안 된다는 사실을 알았지만 감출 방법이 없었다. 가만히 있다가도 통증에 얼굴이 찌푸려졌다.

오른쪽 손바닥에 굳은살이 박히고, 마치 오른쪽 팔이 길어지는 것 같았다. 그러다 생각해낸 건 가방을 하나 더 구입하는 것이었다. 가방을 양손으로 들고 다니면 균형이 유지될 것 같았다.

가방을 하나 더 샀다. 그러나 결국 평소보다 두 배 많은 샘플을 들고 다니게 됐다. 영업자인 나로서는 하나의 무기창고가 더 생긴 셈이었다. 가방이 두 개라는 건 샘플이 두 배라는 것과 마찬가지였고 나만의 샘플 메뉴판이 늘어난 셈이었다. 하나의 가방에 30킬로그램씩, 60킬로그램의 샘플을 가방에 챙겼다.

나는 이전보다 무거운 가방을 들게 되었지만, 힘든 모습은 전보다 사라졌다. 외려 더 여유 있는 표정을 짓고 다녔다. 마치 연극배우처럼 즐거운 표정을 연기했다. 내가 거래처에 보여줄 수 있는 메뉴가 많아지니 어떤 '무기' 같은 걸 더 갖고 있다는 생각에 가능한 일이었다.

샘플 종류에 따라 가방의 무게는 달라진다. 간혹 30킬로그램보다 더 무거워지는 경우도 생겼다. 무거운 샘플을 챙겼을 때는, 가방 두 개를 '들고 다녔다'는 게 아닌 질질 '끌고 다녔다'는 말이 더 어울릴 정도였다. 그 전보다 두 배 더 힘들어졌지만, 고객 앞에서 펼쳐 보이기는 좋았다. 많은 걸 보여주고 많은 설명을 하니 거래처에서는 선택의 폭이 넓어졌다. 자연스럽게 실적이 올랐다.

양변기와 함께 춤추는 CEO

가끔은 힘들어서 샘플을 놓고 다닐까 하는 생각이 들 때도 있었고 요령을 피워보려고 한 적도 있었다. 하지만 샘플 없이는 거래처를 만날 수 없다. 고객이 어떤 타일을 마음에 들어 할지 모르니 모두 가지고 다녀야만 했다.

나는 아직도 예전에 들고 다니던 가죽 가방을 보관하고 있다. 예전의 그 007가방은 아니지만 이 가방도 아주 오랜 시간 나와 운명을 함께해왔다. 가방의 귀퉁이며 손잡이며 죄다 낡은 가방을 나는 내 사무실에 잘 두었다. 나의 역사를 증명하는 가방이기 때문이다.

가방뿐만이 아니다. 30년 전부터 모아온 거래처 명함과 업무일지, 그리고 나의 인터뷰가 실린 신문과 잡지까지 모두 모아 벽면 가득 채워두었다. 누구의 눈에도 잘 보이는 곳에 채운 이유는 따로 있다. 나의 목표가 예전과 똑같이 흔들림 없이 잘 세워져 있는지, 그 목표를 향해 잘 나아가고 있는지 돌아보기 위해서이다.

나와 만났던 많은 사람은 저마다 나에게 열정이 대단하다고 말한다. 나는 누구나 그래야 한다고 생각한다. 자신의 신념이 잘 지켜지고 있는지, 옳은 방향으로 잘 변화해가고 있는지 늘 확인하고, 유지해야 한다. 내가 걸어온 자취를 끊임없이 기억하는 것은 과거에 매달려서가 아니다. 더 나은 방향으로 변화하기 위해서이다.

현재 사회는 초특급으로 달리는 '변화'의 시대이다. 나 역시도 끝없이 변화를 추구하고 있지만, 중심 없이 모든 것을 변화시키는 게 최선이 아니라는 걸 안다. 변화하더라도 그 중심, 즉 알맹이는 반드시 필요하다. 이재에 밝고 세상에 못할 것이 없을 것 같던 사람도 한순간에 무너지는 경우를 우리는 많이 봐오지 않았는가. 이는 바로 자신의 중심을 잃어버리고 세상의 변화만을 좇아갔기 때문이다.

　가끔 가방 가게를 지나갈 때면 이제는 잘 보이지 않는 007가방과 관련된 추억이 떠오른다. 내 삶의 모든 것을 넣은 둔 것과 같은 무게를 이끌고 참 많이도 돌아다녔다. 그 가방 속에는 남모를 설움과 그리고 숨겨진 나만의 포부와 다양하고 미세한 감정들이 복잡하게 얽혀 있었다.

　과거의 시간은 그저 지나간 시간이 아니다. 지금의 나를 세운 시간의 덩어리다. 이 덩어리들을 키울 때마다 내 곁에는 늘 007가방이 있었다. 가끔 그 가방 안으로 들어가 숨고 싶었던 시간도 있었다. 하지만 가방은 묵묵하게 내 손에 쥐어져 있었다. 남들은 옷을 일일 수도 있지만, 나는 내 손가락에 감싸 있던 가방의 감촉을 느끼며 다녔다. 마치 그 가방만이 날 일으켜 세워줄 무언가라고 생각했다.

　사업이 잘되면 자만에 빠져 옛날의 고생을 잊을 수도 있다. 하지만 나는 그럴수록 노력했다. 회사의 적은 돈조차 나의 것이 아닌 회사의 것이라는 생각을 했다.

양변기와 함께 춤추는 CEO

그리고 단 한 가지는 바꾸었다. 넉넉한 웃음을 머금는 것 말이다. 그때는 왜 그리 하루하루 이를 악물고 살아야 했는지 모르겠다. 웃을 기운조차 없었던 시간도 있었고, 거래처에서 억지웃음만 지을 때도 종종 있었다. 그때가 가끔 생각나기도 한다. 주머니가 넉넉하지 않아도 웃음은 넉넉해야 했는데 하는 생각 때문에 말이다. 그때 해야만 했지만 그럴 수 없었던 웃음을 오늘에서야 짓고 있다. 그리고 그 웃음을 유지하기 위해 오늘도 사업장으로 뛰어들고 있다. 남들 눈에는 보이지 않는 007가방을 양손에 들고서 말이다.

20대에는 비행기표 살 돈만 있으면 외국에 나가 그 나라의 전시회와 공장을 견학하고 백화점과 재래시장을 돌아다녔다. 자연스럽게 비즈니스를 익히고, 사랑하게 되었다. 이탈리아 볼로니아 전시장 앞에서 한 컷.

명품 명작 명기와 세계 CEO

-2부-

CEO
interbath!

나는 계속해서 개발을 해왔고, 지금 이 자리에 왔다. 내 브랜드를 사랑하는 마음만으로 회사를 키우는 건 불가능하다. 사랑하는 만큼 노력해야 하고, 내 브랜드의 가치를 높이는 생각을 끝없이 해야 한다. 그래야만 내가 사랑하는 내 회사의 가치를 고객도 사랑할 수 있는 것이다.

누가 디자이너 아니랄까봐 최대한 폼 잡고 찍은 사진 한 컷.
1988년 카탈로그에서……

화장실로 한 발자국

1985년, 나는 4년제 대학 영문학과에 늦깎이 편입생으로 들어갔다. 무역회사이다 보니 외국인 바이어와 만날 일이 많은데, 같이 앉아 있으면 그저 웃을 뿐 한 마디도 할 수 없는 내가 너무 창피해서였다. 그 사람들이 무슨 이야기를 하는지 이해하지도 못하면서 그냥 그 사람들이 웃으면 웃고 진지하게 이야기하면 알아듣는 척 시늉을 하는 게 너무 싫었다.

물론 무조건 외운 생활영어와 외국인 바이어들을 상대하며 영어 실력이 나아지기는 했지만 더 잘하고 싶다는 생각이 들었다. 무역회사에 터를 잡으려면 외국어가 생명이었다. 결국 4년제 대학에 들어가 제대로 영어를 배워야겠다는 결심을 하게 되었다.

나의 결심을 들은 사장은 적극적으로 격려해주었다. 수업 시간표에 맞춰 학교에 안 가는 날에는 회사로 출근하라고 했다. 그렇게 몇 개월 동안 두 가지 일을 했다. 일하면서 학교생활까지 한다는 게 처음에는 즐거웠지만, 점차 힘에 부치는 일이 되었다. 그리고 무엇보다 영어 공부에 대한 흥미가 늘어나기 시작했다. 공부에 더 집중하고 싶었다.

나는 사장에게 솔직하게 말했다.

"제가 아직 나이도 어리니 지금부터라도 영어공부를 더 확실하게 해서 큰일을 할 수 있게 도와주세요. 학교에 전념할 수 있도록 휴직을 하려고 합니다."

내가 전문대 졸업 후에 회사에 다닌 이유는 돈을 벌기 위해서가 아니었다. 다름 아닌 배우기 위해서였다. 회사에서 많은 일을 이해하고 배우기 위한 시도를 했다면, 그다음으로 발돋움할 수 있는 순간이 필요했다. 나에게는 대학이 그런 지점이 될 수 있지 않을까 싶었다.

나는 내 뒤를 이어 회사 일을 할 만한 후임자를 채용했다. 그동안 쌓은 모든 업무를 3개월간 그 직원에게 전수해주었다. 후임자에게 어느 정도 능력이 갖추어지는 것을 확인한 후, 내 공부에 다시 열중할 수 있었다. 물론 그 와중에도 수시로 전 직장에 들러 일

양변기와 함께 춤추는 CEO

을 도왔다.

컴퓨터도 흔하지 않았고 이렇다 하게 다닐만한 어학원도 많지 않았을 때였다. 사람들은 그 시대에 영어공부 방법으로 해외펜팔을 하고는 했다. 나도 영어공부를 하는 사람으로서 편지를 쓰기 위해 펜을 몇 번 들었다 놓기를 반복했다. 그러다 순간적으로 이런 생각이 들었다.

'단순한 펜팔보다는 무역 비즈니스를 하면 어떨까?'

영어 실력은 물론이고 비즈니스 감각도 익혀나갈 수 있는 일이자 열심히 하면 돈도 벌 수 있겠다는 생각이 들었다. 일거양득인 것이다. 그때부터는 어떤 아이템으로 무역을 해볼까 하는 고민을 오래 했다.

처음으로 떠올랐던 건 당연히 타일이었다. 내가 가장 자신 있어 하는 아이템이자, 수많은 거래처를 알고 있으니 말이다. 그러나 나에게 일할 기회를 주고, 나를 성장하게 해준 사장에게 도의가 아닌 것 같았다. 면접 때도 큰 소리로 말하지 않았던가. 다른 것은 부족해도 의리는 있다고 말이다. 같은 업종에서 일하는 건 괜한 오해가 생길 수도 있고, 의도적이든 아니든 얽히는 일이 생길 것 같았다. 그래서 나는 타일 사업을 포기하기로 했다.

그러던 중 우연히 남대문 시장에 놀러 갔다가, 여러 명의 여자가 한 매대 앞에서 웅성거리며 서 있는 걸 봤다. 여자들은 목걸이, 귀걸이, 반지 등 다양한 이미테이션 액세서리에 눈과 발이 붙잡혀 있었다. 한국인뿐만이 아니었다. 여러 외국인도 그 틈에서 소란스럽게 액세서리를 고르고 있었다.

'외국을 오가지 않고도 팔 수 있는 작고 가벼운 아이템!'

이미 외국인들도 좋아하는 걸 직접 확인한 셈이었고, 부피가 작아 쉽게 물건을 보내고 돈을 입금 받기에 충분하다는 생각이 들었다. 생각을 했으니 무작정 달려드는 수밖에 없었다. 곧바로 남대문 액세서리 도매상을 찾아 갔다. 그리고 상인 한 분, 한 분을 찾아다니며 말했다.

"샘플과 가격 자료를 주시면 제가 외국에 제품을 수출해보겠습니다."

그들은 상품을 수출해주겠다는 말에는 관심을 보였지만 당시 어린 티를 못 벗은 스물여섯 살의 나를 신뢰하지 않는 듯했다. 나는 타일 영업을 시작할 때 이미 한차례 어려움을 겪었다. 무서울 일도 창피함도 없었다. 외국에서 액세서리를 취급하는 바이어와 주고받은 서신을 보여주며 신뢰가 쌓이기를 기다렸다. 적극적이고 부지런한 모습으로 외국 바이어와 교신하고, 진행되는 내용을 수시로

▌**양변기와 함께 춤추는 CEO**

상인들에게 설명하면서 '한 배'를 타고 항해한다는 믿음을 만들어 갔다. 요즘의 말로 얘기하면 함께 WIN WIN 하는 비즈니스를 한 셈이었다. 그렇게 액세서리 사업은 꽤 흥미롭게 진행되고 있었다.

이때 외국기업과 서신을 교류하고 상품을 팔아 수익을 내는 데 묘미를 느끼게 되면서 본격적으로 사업을 구상했다. 당시에 했던 액세서리 무역을 제3자에게 양도했다.

지금 생각하면 그때 배운 영어를 통해 내가 사장으로 가는 걸음을 더 독촉한 게 아닐까 싶다. 공부를 위해 회사를 관두었고 내 사업을 시작하게 되었으니 말이다. 다른 게 아닌 외국어를 해놓았을 때, 선택할 수 있는 폭도 넓어진 게 사실이었다. 그렇게 1인 무역을 시작한 이후, 더 큰 그림을 그리고 싶어졌다. 타일을 만져온 나에게 액세서리 분야는 작아 보였고, 나와 어울리는 건축자재를 떠올렸다.

'그래, 이왕 사장하는 거 크게 폼나게!'

당시 대부분 집은 단독주택 형태였다. 화장실이라는 이름 대신에 변소라는 이름이 익숙하던 때였다. 변소에 양변기가 있을 리 없었다. 땅을 2m가량 깊게 판 뒤에 그 위에 발 디딜 곳을 만들면 그곳이 화장실이자 변소였다.

쭈그려 앉아 볼일을 보는 곳, 냄새나는 곳, 쌓여 있는 대소변을 보면서 이용할 수밖에 없는 곳. 당시의 화장실은 말 그대로 변소일 뿐이었다. 우리는 욕실이라는 단어를 사용할 일이 없었다. 대문 옆에 있는 냄새나는 변소에 욕실이라는 이름은 어울리지 않았다. 지금은 누가 변소라는 이름을 쓰겠느냐마는 그땐 그게 전부인 줄로만 알았다.

서울 강남에 아파트가 들어서기 시작하면서 분당, 일산, 중동에도 200만 호 신도시 계획이 발표됐다. 말 그대로 '아파트 붐'이 일어난 것이다. 이 일은 대문을 지키고 있던 화장실이 집 안으로 들어오게 된 결정적 계기였다.

화장실이 집 안으로 들어온다는 건 많은 연결점이 생기는 일이다. 바깥에 있는 변소가 집 안으로 들어오게 되었으니 냄새가 안 나야 하고, 청결해야 하는 건 기본이었다. 그리고 주방과 거실 옆, 때로 는 안방 안에 들어가는 공간이니 예쁘게 꾸며진다면 더 좋겠다는 생각이 들었다. 나는 그 화장실이라는 새로운 공간에 젊음을 바치기로 했다.

'그래, 더 확장할 수 있는 일! 바로 이 일이다.'

때마침 좋은 기회가 생겼다. 이전 직장 생활 때, 서울 을지로에

양변기와 함께 춤추는 CEO

서 위생도기샵을 운영했던 거래처 사장이 전화를 걸어왔다. 요즘 양변기 수량이 부족하니 외국에서 양변기를 수입해 달라는 내용이었다. 나름 영어를 할 줄 알고 무역회사에 다니며 일을 했으니 외국 양변기를 살펴보고 한국으로 수입할 수 있지 않겠냐는 제안이었다. 금액으로 따졌을 때 적은 돈이 아니었다. 무조건 하겠다고 했다. 그리고 나의 가장 큰 무기인 나 자신을 믿고 머릿속에 계획을 그려나갔다.

양변기의 원재료인 흙의 품질이 좋고, 손재주 좋은 노동력이 풍부한 태국 공장을 알아봐야 했다. 나는 한남동에 있는 태국대사관 상무관을 찾아갔다.

"내가 태국산 위생도기를 한국으로 가져오려고 합니다. 태국에 있는 위생도기 제조업체를 소개시켜 주세요."

보름이 지난 후, 태국 K 공장에서 제품의 사진과 가격 정보가 담긴 팸플릿을 우편으로 보내왔다. 나는 그 안에 있는 제품을 꼼꼼히 살펴 거래처 사장과 함께 양변기 3천 개를 수입해왔다.

나는 이미 해외 여러 나라를 돌아다니면서 욕실 문화를 경험했다. 그 누군가에게는 그저 변소 안 '똥통'일 뿐인 양변기가 나에게는 가장 아름다운 상품으로, 충분한 가치가 있다고 생각했기 때문에 도전의 끝에 있을 결과를 한 번도 의심하지 않았다. 무엇보다 아직 사람들이 시도하지 않았지만, 분명 많은 사람이 찾게 될 일이라는 것. 내 마음속에 이런 확신이 그려지고 있었다. 나는 그렇게 양변기 사업에 한 발자국 걸어 들어갔다.

양변기와 함께 춤추는 CEO

내공의 시작은 약속 지키기다

사장이 되기 전, 각자 살고 있는 삶의 모습이 있을 것이다. 나도 본격적으로 사장이 되겠다고 마음먹기 전까지는 그저 꿈을 가지고 있는 사원이었다. 다른 사람들도 대개 직장인이거나 대학생일 것이다. 아직은 사장 지망생인 그들에게 가장 먼저 해주고 싶은 말이 있다면, 지금 하는 일이 사장이 된 후에도 크게 도움이 된다는 것이다. 나 역시 월급을 받으며 일을 계속 하다 보니 관련 업무에 대해 자신이 있었고, 앞서 경험한 일로 인해 사업의 밑천이 되는 인맥도 쌓을 수 있었다.

나는 내가 한 말에 대해 책임을 져야 한다고 생각했다. 단순히 연출된 행동을 보이는 게 아니라, 정말 회사에 기여하는 중요한 인물이 되어 나를 뽑아준 사장님께 보답하고 싶었다. 무엇이든 할 준비가 되어있는 청년이었다. 하지만 신입사원에게 주어진 일은 한정적이었고, 그만큼 사장의 기대치도 높지 않은 편이었다. 그래서 나는 회사의 소소한 일부터 꺼리지 않고 경험 하려고 했다. 이것은 모든 사장 지망생에게도 권하고 싶은 일이다. 앞으로 사장이 되겠다는 계획을 세우고는, 금방 사장이 될 것이란 생각에 들떠 기본기를 도외시한다면 안 된다. 작고 번잡한 일부터 수행해내며 그 과정을 제대로 알아가야 하는 것이다. 그렇기에 겉으로는 표 나지 않는 일을 찾아서 해나갔다.

나는 한 직장에서 참으로 많은 경험을 했다. 물론 수십 년 동안 한 직장에서 생활한 건 아니지만 치열하게 짧은 순간을 지냈고, 그 덕분에 많은 경험이 내 몸 깊이 새겨졌다. 이를 위해 내가 한 일은 '매순간 충실히 행동하는 것' 이다.

그러니 사업을 하기로 마음먹었다면, 직장에서 모두가 발견하지 못하는 작은 일부터 해볼 필요가 있다. 그런 일은 새로 시작한 사업에서도 나타나기 마련이다. 미리 경험한다면 훗날 직원들의 소소한 애로사항까지 파악할 수 있게 될 것이다. 때로는 그러한 세심함으로 직원들을 감동 시킬 수도 있고, 회사의 잘 드러나지 않는 낭비 역시 민감하게 알아챌 수 있게 된다.

▎**양변기와 함께 춤추는 CEO**

좋은 사장은 사소한 일에 대한 성실함이 얼마나 중요한지 알고 있다. 탄탄한 기본기를 제대로 갖추려면 꾀를 부려서는 안 된다. 기본기를 갖춘 후에는 '선택과 집중'이 필요하다. 내가 가장 재미있게 일할 수 있는 분야라면 더욱 잘 풀릴 것이다. 나는 해당 분야에서 경쟁력을 갖췄고, 이 분야의 미래를 분석해본 뒤 승부를 걸었기에 지금의 안정적인 성공이 가능했다. 요즘같이 경기 침체가 길어지는 시대에는 그저 살아남기만 해도 훌륭하다는 소리를 듣는다.

한 분야에서 튼튼한 기술력을 바탕에 두고 성장한다는 것. 나의 이 경험이 첫발을 내디디려는 사장 지망생들에게 참고가 될 수 있으리라 믿는다. 선택과 집중은 기업의 출발이며, 모든 사장 지망생이 첫 번째로 이루어야 할 목표이기도 하다. 작은 기업일지라도 현장에서 사장 실무를 충실히 익히면 달라도 뭔가 달라진다. 물론 경영 컨설턴트나 대기업 총수의 조언과는 약간 다를 수 있다. 기업마다 경영 방법에 차이가 있기 때문에 나는 확실히 검증한 나만의 이야기를 하는 것이다. 앞으로 사장이 되기를 꿈꾸는 사람이 이 책을 읽는다면 내가 제시한 것보다 더 많은 것을 가져가길 바란다. 보려고 하면 보일 것이고, 하고자 하는 사람에게는 굴러가는 돌도 돈을 벌 단서가 될 수 있다.

IMF 금사랑, 금반지의 기업사랑

다른 사람들은 인터바스가 처음부터 일이 잘 풀렸다고 말한
다. 하지만 그 안을 들여다보면 그렇지만은 않다. 시작이라는 건
누구에게나 아무것도 없는 불모지 땅을 일구는 일과 같다.

2000년대 초만 하더라도 외국에 나갈 때마다 듣는 말이 있었다.
외국인이 한국의 다양한 사건들을 떠올릴 때, 좀처럼 이해하지 못
하는 부분에 대한 것이었다. 그건 바로 한국인의 '금 모으기 운
동'이다.

1997년 IMF 때, 한국에서는 금 모으기 열풍이 불었다. 마치 구
한 말 국채보상운동과 비슷한 이 운동을, 외국인은 이해하지 못했
다. 홍콩에서 만난 한 일본인은 "신문에서 봤는데 대단하다. 그런

양변기와 함께 춤추는 CEO

데 왜 나라의 빚을 갚기 위해 내 금반지를 내놓을까. 머리로는 이
해하지만 다른 나라에서는 불가능할 것"이라며 놀라워했다.

주택은행, KBS, 대우가 시작한 '나라 사랑 금 모으기 캠페인'은
사회적 경쟁이 붙었었다. 각 기관이 비슷한 행사를 대대적으로 펼
쳤다. 초등학생, 스포츠인, 종교인, 연예인 등 우리나라 모든 국민
이 참여했다고 해도 과언이 아니었다. 그 결과, 약 227톤의 금이
모였다. IMF 직전 우리나라 금 보유량은 10여 톤으로 알려져 있었
다. 나라의 공식적인 금 보유량의 20배 이상이 모인 것이다. 금 대
부분은 수출되어 외환위기 극복에 큰 힘이 되었다. 1998년 총 수
출액의 25% 수준인 22억 달러라고 하니, 얼마나 대단한 국민의식
이었는지 예상할 수 있다.

인터바스도 금과 관련된 사연이 있다. 우리나라 사람들이 나라
의 경제위기를 금으로 이겨냈듯이 나도 인터바스의 첫 어려움을
금으로 이겨냈다.

1986년 7월이었다. 나는 단돈 500만 원을 갖고 3평짜리 사무실
을 얻어 창업했다. 책상 하나, 전화 한 대, 할부로 뽑은 차 한 대가
전부였다. 양변기 수입 제안을 듣기 전이라 이렇다 할 성과가 없었
고, 수중에 있는 자금은 여유에서 한참 떨어져 있었다.

돈이 넉넉하지 않았기에 사무실이라고 차린 곳도 신정동 부모님

집 옆 신문보급소 골방이었다. 내가 외근을 나갈 때면 사무실로 걸려오는 전화를 받아줄 사람이 없었다. 몇 달은 형수가 대신 받아주었다. 하지만 언제까지 부탁을 드릴 수만은 없었고, 내 일은 내가 알아서 해결해야 한다는 생각에 여직원 한 명을 채용했다.

물론, 재정 상태에 비하면 어려운 결정이었다. 하지만 일은 결코 혼자 하는 게 아니다. 이렇든 저렇든 계속해서 사람과 엮이는데, 내 직원을 꾸리는 방법에 대해 배우는 금액이라고 생각했다.

다행스럽게도 여직원은 일을 꼼꼼하게 잘했다. 늘 고마웠지만 여전히 매출은 거의 없었다. 전화비 낼 돈도 똑 떨어지고야 말았다. 사장인 나와 모든 일을 다 하는 경리 여직원이 서로 눈을 마주치는 게 부담스러운 나날이었다.

그리고 설날이 다가왔다. 첫 명절이었다. 전화비 낼 돈도 없는데 떡값을 줄 여력은 더더욱 없었다. 나와 같이 고생하고 있는 직원인데 어떻게든 챙겨주고 싶은 마음이 들었다.

나는 괴로웠다. 직원에게 떡값을 주고 싶은데, 주머니를 뒤져봐도 돈 한 푼 없었다. 돈 들어올 곳을 찬찬히 생각하다가, 집으로 갔다. 장롱에서 반지를 꺼내 전당포로 향했다. 아무리 생각해도 돈 나올 구멍이 없자 전당포에 반지를 맡겨 돈을 빌린 것이다.

반지를 맡긴 돈으로 여직원의 설 떡값을 마련했다. 돈을 가지런히 모아 봉투에 넣었다. 경리 여직원은 한사코 받지 않겠다고 했다. 실적 없는 사무실의 상황을 나보다 더 잘 알았다. 그래도 나는 사장이었다. 손편지와 현금을 넣은 봉투를 여직원 손에 쥐어 주었다.

이 일을 부모님이 알게 되면 어쩌지 하는 염려가 있었다. 내 일에 있어서만큼은 부모님께 더 이상 걱정과 고민을 안겨드리기 싫었기 때문이다. 고등학교를 졸업하는 순간 부모님의 걱정과 고민도 함께 졸업한 거라 생각했기에, 스스로 느끼는 죄송함이 컸다. 그리고 돈에 대한 중요성을 더 깨달았다. 돈이라는 게 사업을 이끄는 모든 목적이나 결과여서는 안 되겠지만, 부모님 걱정을 털어드릴 정도는 벌어야겠다고 말이다.

사실 세상의 고민 99%는 돈으로 인해 생긴다. 그러기에 돈으로 해결될 수 있는 고민도 99%이다. 고마운 사람에게 인사를 할 때도 돈이 매개체가 될 수밖에 없다. 맛있는 걸 사주든 선물을 주든 다 돈이 필요하다. 물론 사회 통념에 벗어나지 않게 주는 게 전제조건이지만 말이다.

그때의 금반지 한 개는 지금의 욕실을 '힐링'의 개념으로 바꿔 놓았다. 조금 비약일 수도 있겠지만, 금반지 하나로 여직원과 사장의 기를 살리고 회사를 유지할 수 있었기에 나에게 금반지는 지금의 결과를 만든 여러 길 중 하나다.

어차피 사람의 상황은 좋을 때도 있고, 안 좋을 때도 있다. 뭐든지 좋은 게 좋은 거라는 건 미련해 보일 정도의 낙천적인 방향이다. 하지만 좋아질 거라는 희망을 믿음으로 만들고, 그 안에서 연결될 관계는 금반지 수십 돈과도 바꿀 수 없다. 나는 금반지 하나로 세상을 뒤덮고도 남을 양의 믿음을 얻게 되었다.

양변기와 함께 춤추는 CEO

행동으로 나를 증명하다

양변기를 접하고 꽤 큰돈을 만지게 됐다. 내가 생각했던 비전 있는 사업에 더 가까이 다가갈 수 있게 된 것이다. 나는 첫 계약을 시작으로 꾸준히 동남아 회사들과 거래했다. 당시 국내에도 세 곳의 양변기 생산 공장이 있었지만 이미 대기업 제품을 생산하고 대기업에 납품하는 공장이었다.

태국은 원료와 노동력이 풍부했고 위생도기를 생산하기에 좋은 기후를 갖고 있었다. 게다가 상품의 품질이 좋고 가격 경쟁력도 충분했다. 가장 처음 양변기 생산업체로 인연을 맺은 곳은 태국의 K 공장이었다. K 공장과 꾸준하게 거래를 하다 보니 아예 한국 총판을 따는 건 어떨까 싶었다. 나는 현지에 직접 방문해서 담판을 지어야겠다고 생각했다.

큰마음을 먹고 태국을 향했다. 그러나 그곳에 도착해 놀랄 수밖에 없었다. 내가 예상한 것과 너무 달랐기 때문이다. K 공장은 아시아에서 가장 크고, 전 세계에서 4번째로 큰 규모였다. 종업원이 4,500명으로 한 해 생산량이 450만 개였다. 내 상상을 초월하는 큰 회사였다. 이런 회사의 한국 총판을 따낸다면 그야말로 대박을 만들 수 있을 것 같았다. 그런데 현지에 가보니 한국의 다른 대기업들도 총판을 따기 위해 협상 중이었다.

내가 이겨야 하는 상대는 무려 대기업이었다. 대기업과 똑같이 경쟁해서는 쉽지 않을 게 불 보듯 뻔했다. 나는 아쉬움을 뒤로한 채 다시 한국으로 돌아왔다. 그리고 나만의 방법을 찾았다. 바로 태국대사관 상무관을 찾아간 것이었다. 상무관을 만나서 열심히할 테니 추천서를 써달라고 부탁했다. 그러나 이게 어디 쉬운 일이랴. 일면식도 없는 사람에게 추천서를 써줄 리 없었다.

그래도 나는 수없이 찾아갔다. 찾아가는 횟수만큼 거절당하는 일상이 반복되었다. 생각해보면 무모한 일이었다. 이제 고작 28살이 된 어린 사장이 못 미더웠을지도 몰랐다. 그래도 당시에는 상무관에게 무리한 청탁을 한 것도 아니고 부정적으로 뒷거래를 청한 것도 아니니 충분히 될 일이 아닐까 싶었다.

나는 상무관을 찾아가 나를 알리는 말을 꾸준하게 했다.

양변기와 함께 춤추는 CEO

"저는 대기업이 아닙니다. 하지만 젊습니다. 그렇다고 젊은 혈기와 열정이 대기업을 이길 거라고 생각하지 않습니다. 저는 자본도 없습니다. 오로지 신용 하나가 제가 갖고 있는 모든 것입니다. 당신의 나라 기업이 눈앞에 있는 이익을 생각한다면 대기업을 선택하는 게 옳습니다. 하지만 그 뒤의 미래를 생각한다면 저를 선택해야 합니다. 제 사업이 아닌, 제 미래와 젊음에 투자하라고 말하고 싶습니다. 돈을 위한 일이 아닌, 모두의 발전을 위한 일을 시작할 수 있도록 저를 믿어주세요. 그러면 농산품으로 유명한 태국을 공산품으로 유명하게 만들겠습니다. 제가 KS 인증 획득을 할 수 있도록 노력 하겠습니다."

나는 나에 대한 소개부터 나만의 경쟁력이 되는 장점까지 꾸준하게 알렸다. 대기업과는 차별화되는 이야기를 선택한 것이다. 그리고 나만의 성공이 아닌 모두의 성공이 될 수 있도록 노력하겠다는 말을 빠뜨리지 않았다. 나는 그 정도로 간절했고, 잘할 자신이 있었다.

첫 회사 때부터 거절이라면 이골이 나게 겪은 나였지만, 이번엔 느낌이 달랐다. 상대 마음이 열릴 가능성이 작아 보였다. 격일로 찾아갔지만 상무관은 늘 같은 말만 했다. 본인이 무작정 추천을 해주기 어렵다는 말이었다. 나에 대해 아무것도 모르는 상황에서 무작정 추천을 하다가 혹 일이 잘못된다면, 자기에게 피해가 있을 수 있으니 당연했다.

'간절히 원하고 열심히 해도 안 되는 일은 있구나……'

마음속으로 더 좋은 일이 생길 거라는 생각을 되새기면서 K 공장 총판을 포기하고 다른 곳으로 눈을 돌리려 할 때였다. K 공장에서 연락이 왔다. 나에게 한국 총판을 주겠다는 내용이었다. 다른 대기업이 아닌 나에게 총판을 준다는 말에 눈이 휘둥그레질 수밖에 없었다.

나중에 알고 보니 매번 내 부탁을 거절한 상무관이 다른 나라로 가면서 내 정성에 탄복해 추천서를 써주고 간 것이었다. 그는 누군가에게 청탁받고 한 일이라는 오해를 피하고자 다른 나라로 가는 순간을 기다렸는지도 모른다. 그 상무관은 독일에 가 있는데, 지금도 가끔 연락을 주고받고 만나기도 한다. 나에게는 큰 사업의 물꼬를 터준 은인이니 인연이 길게 이어질 수밖에 없다.

그렇게 나는 대기업과의 경쟁에서 이겨 K사 제품을 국내뿐만 아니라 싱가포르, 홍콩, 중국, 대만 시장에 13년 동안 팔 수 있었다. 스스로 생각해도 자랑할 만한 일이다. 대기업들도 분명히 할 만큼 했을 터지만, 내 노력도 적지는 않았다. 당시 스물여덟 살 애송이였던 내가 국내 총판뿐 아니라 아시아 총판까지 따낸 건 기적과도

양변기와 함께 춤추는 CEO

같은 일이었다.

　나의 선택이 옳았고, 그만큼 K사의 선택도 옳았다. 당시 나는 내수뿐 아니라, 기타 해외로 3백만 불 수출까지 이뤄냈다. K사의 이익도 나와 함께 상승선을 탄 것이다. 내가 믿은 '젊음의 열정'이 서서히 빛의 중심으로 들어서고 있었다.

이탈리아 *EUROPA* 위생도기공장 방문 중 한 컷.

양변기 도둑

나는 양변기 사업에 흠뻑 빠져있었다. 계획대로라면 대학교를 졸업하고 전 직장에 복귀해야 했던 시기에 말이다. 나는 그 모든 걸 잊어버렸을 정도로 내 사업에 골몰하게 되었다. 이왕 내가 도전한 일이라면, 잘된 모습으로 사장님 앞에 나타나는 것이 더 멋지겠다는 생각도 들었다.

그렇게 창업과 재입사를 고민하던 중 양변기 사업을 선택하게 되었고, 선택한 일인 이상 최선을 다했다. 계속되는 재개발과 아파트 증가로 양변기 수요도 급증했다.

80년대 후반, 6·29 민주화 선언 이후 나라가 움직이고 있었다. 곳곳에서 재개발 건축 붐이 일어나던 때였고, 나는 내 사업에 대한 기둥을 세우고 있던 때였다. 양변기 사업은 잘되기도 했지만, 우선 재미있었다. 들여오는 만큼 팔리는 재미는 무시할 수 없는 일이었다. 내가 돈을 쫓아다니면 돈은 부담스러워 도망간다. 하지만 땀 흘리며 일을 즐기면, 내가 저리 가라고 소리쳐도 돈은 나를 따라온다. 떠오르는 태양과 함께 땀 흘리는 하루하루가 내일의 태양을 또 기다리게 만들었다. 그 기대감에 잠 못 이루는 흥분의 시간이 이어졌다.

낮은 주택들이 허물어지고 고층 아파트들이 세워지고 있었다. 그렇게 아파트가 완공되면 내부 여기저기에는 들어가는 게 많다. 작게는 전구에서 벽지, 장판. 크게는 새시에서 욕실의 욕조와 세면대, 양변기까지. 건설사들은 아파트 완공이 된 후 필요한 시공을 마친 뒤, 사람들에게 입주하라고 알린다. 사람들은 나머지 잔금을 치르고 나서야 아파트에 입주할 수 있다.

6·29 민주화 선언 이후 여기저기에서 노사분규가 일어났다. 생산 공장이 제대로 돌아가지 못하는 곳이 다반사였다. 근로자들은 "노동에 대한 임금을 제대로 달라" 요구했고, 회사 대표들은 대표 나름대로 "그래 봤자 다시 회사로 돌아와 일할 거면서……."라는 생각을 했다. 합의점을 찾을 수 없는 분규는 오래 지속되었고 생산 공장은 여전히 올 스톱이었다.

그러자 문제가 생긴 건 건설사들이었다. 완공된 아파트에 주민들을 입주시키고 잔금을 받아야 하는데, 완공된 아파트에 양변기 하나 제대로 들여놓지 못했다. 국내 양변기 생산 공장도 노사분규 속에 생산을 중단하는 상황에 이르러 있었다.

그해 꾸준하게 아파트가 세워지고 양변기를 찾는 거래처가 증가하고 있었는데, 때마침 터진 노사분규로 양변기 파동이 일어났다. 우리가 수입한 양변기 물량이 뚝 떨어지는 일이 생길 정도였다. 믿기 힘들겠지만, 당시 자고 나면 공원 화장실에 있는 양변기가 사라지는 사건도 심심치 않게 들렸다.

우리도 물량이 넉넉하지는 않았다. 양변기가 아니라 거의 '금' 변기 수준이었다. 먼저 와서 돈을 입금해주는 곳에 물량을 공급해주기도 어려운 실정이었다. 물론 물건을 받은 뒤 돈을 주는 방법이 있기도 했지만 당시 양변기가 급한 사람들은 이를테면 현금으로 양변기를 '찜' 하고 가져가는 방식을 취했다. 지방 대리점들은 양변기 확보를 위해 선수금을 온라인으로 미리 송금하기도 했고, 조금 더 적극적인 대리점은 현금을 보따리에 싸 들고 와 줄을 서는 상황까지 이르렀다.

어느 날 꽤 높아 보이는 건설사 직원이 우리 회사에 직접 찾아왔다. 내가 그때 이십 대였으니, 거의 작은아버지 연배의 분이었다. 그분은 나를 보자마자 내 손을 덥석 잡으며 한마디 했다.

"나를 좀 도와주세요."

어안이 벙벙했다. 그의 입에서 나오는 이유를 듣자 얼마나 다급해서 이렇게 한 걸음에 달려왔는지 이해할 수 있었다.

"제가 요즘 똥을 치우고 있습니다."

사실은 이랬다. 아파트가 완공되고 주민들의 입주가 시작되어야 잔금을 받을 수 있는데, 딱 하나 양변기를 못 넣었다는 것이다. 당연히 이미 입주한 주민들은 난리가 났다. 집에 양변기가 없으니 일상생활을 누릴 수 없었다. 입주도 하지 않고 잔금도 치르지 않은 채 버티고 있는 집, 매일 큰 소리로 대드는 주민……. 주민들의 마음을 이해하지만, 그분의 입장도 안쓰러운 처지에 놓여 있었다.

"그럼 지금, 그 아파트 주민들은 어떻게 볼일을 보고 있다는 거죠?"

그는 조심스레 작게 말했고, 나는 내 귀를 의심했다.

"네? 요강이요?"

양변기 생산 공장은 멈췄고, 양변기가 부족해 도둑까지 있는 마당에 양변기 공급을 약속할 수 있는 상황이 아니었다. 우선 요강을 하나씩 나눠 주고, 직원이 집집마다 돌아다니며 요강 비우는 일을 하고 있다는 것이었다.

그에게 돈은 중요한 게 아니었다. 사람들에게 시달리는 일은 가장 끔찍한 일이다. 게다가 건설사는 완공 뒤에 들어온 돈으로 직원들 월급을 줘야 하는데, 사람들이 잔금을 치르지 않으니 이러지도 저러지도 못하고 있을 뿐이었다.

"부탁드립니다."

공손하게 고개 숙이는 그를 외면할 수 없었다. 나는 남은 물량을 전부 그분에게 팔았다.

지금 생각해도 웃기는 일이다. 아파트를 돌아다니며 요강을 비워주는 그 직원은 얼마나 곤욕스러웠을까. 그 정도로 양변기가 귀한 시절도 있었다.

내가 양변기를 그저 '똥통'이 아닌 '고마운 상품'으로 본 것이, 정확한 사업자의 눈이었다는 걸 다시 확인할 수 있었다.

상품의 품질이 승부수다

양변기가 바닥났으니 해외에서 들여오는 양변기 양이 어마어마했다. 많은 기업은 이윤만 생각하고 국내 규격에 맞지도 않은 제품들을 앞 다투어 외국에서 사들였다.

이렇게 무작정 들여온 양변기 때문에 웃지 못할 일이 생기기도 했다. 기업들이 양변기를 수입하면서, 나라마다 양변기 배관 사이즈가 다르다는 걸 몰랐던 것이다. 우리나라를 비롯한 캐나다, 미국, 일본, 태국 등은 배관 사이즈가 벽에서 바닥 배수관까지 30cm 거리를 둔 양변기를 사용한다. 하지만 유럽, 러시아, 중동 등 전 세계 약 70% 정도에 해당하는 국가는 양변기 배관 규격이 아예 다르다.

양변기 공급 파동으로 전 세계에서 수입된 규격이 맞지 않는 양변기가 시중에 풀렸고, 곧이어 양변기 시공을 할 수 없는 문제가 전국 곳곳에서 발생했다. 결국 배관 사이즈가 맞지 않는 양변기를 들여온 수입 업체들은 양변기를 전량 폐기할 수밖에 없었다.

자연히 소비자들은 수입 양변기를 불신하기 시작했다. 나는 많은 사람이 믿을 수 있고 회사 입장에서 말로만 떠드는 품질이 아닌, 모두가 한눈에 좋다고 여길만한 양변기가 필요했다. 그리고 단번에 KS 인증을 떠올렸다. 우리나라 사람들이 가장 믿는 상품, 사람들이 많이 찾는 상품에는 늘 KS 인증이 따라다녔다.

나는 KS 인증이 국내 생산품에만 부여하는 줄 알았다. 그러나 당시 과천에 있는 공업진흥청에 문의해보니, 외국 상품도 적합하다면 KS 인증을 부여한다는 답변을 받게 되었다.

나는 태국에서 수입하는 K사의 제품으로 KS 인증을 획득해야겠다고 마음을 먹었다. 곧바로 준비 작업에 들어갔다.

생각했던 것만큼 일의 진행은 빠르지 않았다. KS 인증을 획득하는 건 지금도 까다롭지만 당시에는 더 엄격했다. 그렇게 서류심사 준비에만 꼬박 1년 6개월이 걸렸다. 한국의 KS 규정집을 영어로 번역해 다시 태국어로 바꾸고, 사규를 한국식 규격으로 모두 바꾸는 작업은 보통 일이 아니었다. KS 획득 전담팀도 별도로 구성했으니 시간과 비용이 엄청나게 들어간 것은 물론이었다. 최종적으

양변기와 함께 춤추는 CEO

로 생산 공장에 실사를 가야 했는데, 이 부분만 해도 1주일간 진행이 될 정도로 직원들 모두 진이 빠지는 작업이었다.

그렇게 각자의 위치에서 심사과정이 진행되었다. 한국 정부 심사위원은 KS 인증 마크의 위상을 지키기 위해 원칙과 규정에 따라 까다롭게 심사를 할 수밖에 없었다. 심사가 진행되는 중에도 순간순간 긴장되기는 했지만, 오랫동안 준비해서인지 큰 걱정은 없었다.

시간이 흐르고 드디어 KS 인증을 획득했다. 나는 그 동그라미 안에 있는 마크를 물끄러미 내려다보았다. 오랜 시간 공들여 받은 마크였으니 애정이 갈 수밖에 없었다. 이미 확인받은 품질인 만큼 자신감의 고도도 더 높아졌다.

한국 최초로 KS 인증을 받은 태국 공산품이었다. 이 부분에 대해 태국 신문에 대서특필되기도 했다. 나는 태국에서 '귀하신 몸'이 되었고 당당히 나의 주장을 펼칠 수 있게 되었다. 나는 곧바로 제품은 태국에서 만들되, 우리 상표를 부착해달라고 요청했다. K사는 동의하지 않을 수 없었다. 자신들의 제품이 타국에서 품질인정을 받았으니 뭐라도 해줘야 하는 상황이었다. 이렇게 제품과 상자에 '동원(DONGWON)'과 '인터바스(interbath)'라는 나의 회사 고유브랜드가 부착되었다.

K사의 한국 총판을 얻기 위해 이리저리 달려야 했던 시간은 과

거로 떨어져 나갔다. 품질을 인정받을 수 있게 한 이후로, 상황은 달라졌다. 당당하게 내 의사를 표출하고, 동등하게 사업 진행 발언을 할 수 있었다.

나는 제2공장, 550명의 직원을 통해 KS 인증 제품을 생산하게 되었다. 공장 곳곳마다 태극기와 KS 인증 마크를 걸어 두었다. 상품의 우수한 품질은 고객을 끌어당길 수 있는 최고의 마케팅이다. 좋은 품질을 알리기 위해서는 1차적으로 내가 그 상품을 꼼꼼하게 살펴야 한다. 만약 나 스스로도 K사 상품을 좋은 상품이라 확신할 수 없었다면, KS 인증까지 받기란 어려운 일이었을 것이다. 나는 처음부터 품질이 빠진 상품은 그 아무리 아름답고, 생활을 편안하게 해준다 해도 필요가치가 없는 상품이라고 판단했다.

내가 쓸 수 있고, 가족과 친한 친구에게도 소개할 수 있는 상품. 그것이 진짜다. 나는 지금도 K사 상품이 한국에서 인정받을 만한 상품이었다고 생각한다. 그 상품을 우리나라 사람 전부에게 소개해 줄 만큼 자신있었다.

상품의 우수한 품질확인을 계기로 중국에까지 진출할 수 있었다. 한중무역 성사 전의 일이니 얼마나 재빠른 진출이었는지 모른다. 대만, 싱가포르, 홍콩, 중국에 대리점을 24곳 운영했다. 동원 세라믹은 수출 1위 브랜드로 자리 잡았다. 나는 매번 '어떤 상품이 소비자가 원하는 상품일까' 생각했고 늘 앞으로 나아가는 마케팅

리더가 되고자 온 신경을 세웠다.

내가 당당해지려면 그만한 실력이나 일의 성공이 있어야 한다. 굳이 당당해지고 싶지 않다면 어떤 일에 대한 성패를 생각하지 않고, 도전조차 하지 않아도 된다. 나는 지금보다 더 큰 열정과 욕심이 있었다. 누구라도 그걸 이용할 줄 안다면, 스스로의 가치를 충분히 업그레이드 시킬 수 있다.

한 걸음이 아닌 두 걸음 앞서 뛰기

사회에 처음 발을 내디뎠을 때, 나는 내가 했던 다짐을 기억하고 있었다.

'사회에서만큼은 우등생이 되고 싶다.'

학창 시절의 많은 일들을 만회하려는 건 아니었다. 중요하다고 여기고, 즐거움을 느끼는 사회생활에서만큼은 인정받고 싶었다.

창업한 지 8년 만에 강서구 화곡동에 5층 사옥을 지었고 몇 년 후 7층으로 증축하게 됐다. 화곡동은 내가 처음 사업을 시작한 신

▐ 양변기와 함께 춤추는 CEO

정동의 옆 동네이자, 부모님이 살고 계신 곳 근처이기도 했다. 사업하는 아들 때문에 마음 편할 날 없었던 부모님께 내가 잘 살고 있다는 것을 확인시켜 드리고 싶었다.

학창 시절 자유로운 영혼(?)이었던 아들이 이제는 사회의 우등생이 되었다는 것을 보여드린다면 얼마나 좋을까 하는 생각을 했다. 사옥에 부모님을 모실 때마다 못난 아들에 대한 걱정으로 움츠러진 어깨를 당당하게 펴게 해드린 것 같아 얼마나 기뻤는지 모른다. 그동안의 죄송스러움에 조금이나마 위안이 되었다.

사옥을 지을 때 가장 먼저 떠올렸던 얼굴은 부모님이지만, 자주 떠올린 얼굴은 직원과 후배들이었다. 나는 사옥이 우리 회사를 보여줄 수 있는 가장 큰 광고판이라고 여겼다. 처음 설계 때부터 적색 벽돌 외장과 노란색 H빔이 어우러진 독특한 디자인을 선택했다. 그리고 사무실뿐만 아니라, 전시장을 함께 만들었다. 사옥을 활용하는 방법은 다 다르지만, 나는 사옥을 통해 '욕실의 세계'와 더불어 '쇼핑할 수 있는 공간'이라는 걸 보여주고 싶었다.

당시 건축 관련 전공 대학생들이 보고 배울 만한 욕실과 화장실 디자인, 건축 설비 관련 등의 전시가 적었을 때였다. 우리 회사에 입사해 꿈을 펼칠 수 있는 학생들에게 직접 상품을 볼 수 있게 만들고 싶었다. 실제로 우리 회사 건물로 대학생들이 단체로 견학을 왔고, 그 공간에서 수업 진행을 한 적도 있었다. 나는 대학생들의 활동을 지원하기 위해 욕실설계 공모전을 수차례 진행했다.

건물을 올리기까지의 시간은 나만의 노력이 아니다. 직원들의 수고가 8할 이상이다. 그렇다면 더 좋은 공간에서 편하게 일을 하는 게 맞는 일 아닐까? 사람에게는 공간이 중요하다. 그리고 화장실이라는 중요한 공간을 꾸미는 사람으로서, 일하는 공간을 등한시할 수 없었다.

깨끗하고, 경쾌한 공간에서 일할수록 자연스럽게 스트레스가 줄어들고 일에 대한 성과가 높아진다는 게 내 생각이다. 더 안락한 공간을 직원들에게 선물하는 게 당연했다. 그래서 당시 최고의 오피스 시스템으로 사무실 공간과 옥상에 카페와 바비큐장도 만들어 놓았다.

어떤 일에서도 한 걸음 더 앞서가는 것은 사업에서 필수다. 그게 사업가의 눈이고 사장이라는 자리를 유지할 수 있는 비결이다. 내가 사업을 하고 있는 욕실용품 전시와 직원들의 안락함을 위해 지은 사옥은 한 걸음 앞선 일이라고 자부한다. 하지만 더 중요한 건, 그 걸음보다 더 앞선 생각을 해야 하는 것이다.

1990년 후반부터 우리나라에서도 화장실이 단순히 생리작용을 처리하는 곳이 아니라 문화 공간이라는 개념이 퍼져 나갔다. 당시 나는 몇몇 분들과 함께 '아름다운 화장실 만들기 운동'에 참여하

양변기와 함께 춤추는 CEO

기도 했다. 그 생각은 너무 당연한 일이었다.

하지만 그 운동이 있기 전부터 '보여주고 싶은 욕실'이라는 콘셉트를 위해 '인터바스'라는 브랜드를 만들었다. 양변기라는 하나의 제품보다 여러 디자인적 시도가 가능한 욕실 시스템을 만들기 위해 서였다. 다양한 욕실용품, 인터바스라는 브랜드로 지금의 내 자리가 만들어졌다고 해도 과언은 아니다.

나는 우스갯소리로 '**바스', '***바스' 등의 브랜드명의 시초는 인터바스라고 말하곤 한다. 어디까지나 농담이지만 우리 회사가 성장한 뒤에 그런 이름들이 여기저기서 생긴 건 사실이다. 물론 정확한 사실은 알 길이 없지만, 누구보다 앞서 걸었다고 늘 자부해 왔다.

Bath라는 단어로 전 세계에서 통하는 브랜드를 만들고 싶었고, 그 결과 중국이라는 큰 시장에서 엄청난 인기를 얻게 되었다. 동원 세라믹 양변기가 한 걸음 앞서 있었다면, 인터바스의 욕실용품은 두 걸음 앞선 일이었다. 품목과 시장을 확장해 두 걸음 앞에서 다른 회사들을 제칠 수 있었던 거다.

성공한 기업과 실패한 기업에는 단 하나의 차이가 있다. 자신이 잘하는 것을 더 잘하려고 노력한 기업은 성공한다. 하지만 자신이 잘하는 것을 보지 못하고 그저 남들이 잘하는 것을 따라 하려고만 하거나 다른 곳에 눈 돌리기 바쁜 기업은 실패한다.

우리는 우리가 가장 잘하는 것을 가장 열심히 했다. 좋은 품질의 상품을 개발하고, 생산하는 일. 무엇보다 남들과 다른, 특별한 디자인에 대해서는 그 누구보다 자신이 있었다. 욕실에 있어서 우리가 최고라는 꿈을 저버리지 않았다. 누군가 인터바스가 성공 궤도에 안착해있다고 말한다면, 잘하는 걸 열심히 한 결과가 아닐까 싶다.

그 누가 상상이나 했을까. 그 어린 시절 '동인천의 빠께스'로 불리며 학교 교육에 적응하지 못 했던 내가 이제는 사회에서 인정받는 우등생이 되어 당당하게 땀 흘리고 있다고. 그때는 알지 못했던 우등생의 의미를 지금의 나는 너무나 잘 알고 있다.

변화를 두려워하지 말고 기회를 놓치지 말아야 한다. 과거의 이력에 매여 있어서도 안 된다. 진정한 사회의 우등생으로 거듭나기 위해서는 많은 도전이 필요하다. 그리고 그 도전을 바로 오늘부터, 지금 당장 시작해야 한다. 남들보다 한 걸음이 아닌 두 걸음 앞서기 위해서 말이다.

욕실 디자이너

나는 우리 회사의 콘셉트를 '보여주고 싶은 욕실'이라고 정했다. 처음 양변기 사업을 할 때부터 내가 가장 집중한 건 디자인이었다. 창업 초창기에 디자인을 운운하면, 남들은 '똥통'에 무슨 디자인이 필요하냐고 말하며, 내 말을 이해하지 못했다.

당시 양변기를 포장하는 건 지금과 같은 박스 포장이 아니었다. 깨지지 않게 지푸라기로 감싼 '똥통'일 뿐이었다. 지푸라기로 대충 엮은 양변기는 상품으로 보이지 않았다. 그러다 보니 당연히 "변기에 디자인이 가당키나 하냐"는 반응이었다.

양변기를 디자인하기 전에 제일 먼저 한 건 양변기를 박스 포장하는 작업이었다. 상품을 더 상품답게 포장하는 법 또한 디자인 작업 중 하나였다. 상품을 감싸고 있는 포장으로 상품의 디자인, 더 나아가서는 품질까지 더 돋보이게 만들어준다고 믿었다. 그것은 내 제품을 사랑하는 하나의 방식이기도 했다.

양변기라는 건 평생 셀 수 없을 만큼 내려다보고, 사용하게 될 존재이다. 이왕이면 예쁜 디자인으로 만들어야 하는 건 당연한 일이었다.

양변기 디자인이라는 게 없다는 그들의 말은 절반 옳은 말이기도 했다. 양변기는 벽과 배수관이 연결되어야 하고, 도기여야만 한다는 것. 그리고 사용하는 이유가 하나인 만큼 모양에 한계가 있다는 것. 이런 관점으로 볼 때 그들의 말은 어느 정도 맞는 말이다. 그러나 양변기에도 디자인은 존재한다고 믿었다.

지금은 환경보호에 대한 관심이 자연스럽지만 이전에는 에너지 절약과 환경보호에 대한 운동이 낯설었다. 그러던 어느 날 그린라운드 여파로 환경보호, 에너지 절약이 전 세계적으로 큰 이슈가 되었다. 국내에서도 절수, 절전 운동이 일어났다.

이때 의외의 변화가 일었는데, 바로 녹색의 유행이었다. 그 유행은 번져나갔고 시중에 나오는 웬만한 제품에 녹색이 들어갈 정도였다.

'어라? 색!'

양변기와 함께 춤추는 CEO

불현듯 잊고 있던 색을 떠올렸다. 보통 욕실을 떠올리면 흰색을 떠올린다.

'욕실이라는 공간은 다른 공간보다 더 깨끗해야만 한다.'

깨끗한 이미지를 주기 위해서는 대개 흰색을 사용한다. 하지만 내 생각은 달랐다. 욕실이 배변 처리를 위한 위생적인 공간이라는 생각은 1차원적인 생각이다. 더 나아가면 욕실은 개인적인, 개인만의 공간이다. 그렇다고 했을 때, 그저 흰색으로만 공간을 채운다면 심심한 느낌이 강한 게 아닌가. 그 속을 채울 양념이 필요했다.

화장실의 흰색은 아무것도 없는 상태이고, 말 그대로 생각을 비우고 변기에 앉아 있거나 씻는 일에는 단연 최고다. 그러나 흰색은 모든 걸 받아들이는 동시에 모든 걸 사라지게 만든다.

방이 온통 흰색으로 도배되어 있다고 상상해보자. 그 흰색의 공백 안에서 더 좋은 생각이 나오기는 어렵다. 오히려 많은 생각을 지우고만 있을 것이다. 사람들은 점점 더 많은 공간에서 다양한 생각을 하고 싶어 하지만 흰색은 그런 변화에 비해 무언가 무미건조하다.

디자인에서 모양뿐만 아니라 색감도 중요하다는 건 누구나 아는

욕실 디자이너   135

사실이다. 당시 유행하는 녹색을 보고 생각했다.

'왜 화장실에 유행하는 색을 넣을 수 없을까?'

안 될 건 없었다. 나는 곧바로 세면대와 욕조, 변기에 색을 입히는 작업을 시도했다. 색감이 너무 밝거나 튀는 건 문제 되지 않았다. 어떤 색감을 입히더라도 누군가는 찾을 거라는 확신이 들었다. 튀는 색감의 디자인을 찾는 사람이 있을 수 있다는 건 도박과도 같은 일이었지만 나는 과감하게 밀고 나갔다.

색 있는 욕실용품에 익숙하지 않아 사람들의 반응이 냉담할지 모른다는 예상을 깨고, 시장의 반응은 내 생각 이상으로 좋았다. 나는 디자인 변화에 더 초점을 맞추었다. 머릿속에는 온통 '좋은 디자인' 뿐이었다. 좋은 디자인을 위해서 말로만 디자인을 들먹거리거나 머릿속에서만 그려두지 않았다. 디자인을 위해 직원들과 함께 이탈리아를 자주 다녀왔다. 안목을 넓히기에 이탈리아는 최적의 장소였다.

당시로써는 파격적인 대우였다. 직원들은 회사에서 기획한 '디자인 여행'에 즐거워했다. 궁금했던 것들을 외국에 직접 가서 마주하니 일이 더 잘 될 수밖에 없었다. 7명의 직원과 함께 이탈리아를 오가고, 4년을 연구한 뒤에 다양한 데코레이션 상품을 만들었다. 데코레이션 상품을 따로 생산하기 위해 김포에 공장을 세웠다. 데코레이션 상품을 생산하는 전용 공장인 셈이었다. 이렇게 색감과 디자인을 입힌 욕실용품은 인터바스라는 브랜드로, 국내 곳곳뿐만 아니라 전 세계로 퍼져 나갔다.

나는 젊은 시절 튀는 옷을 입고, 향수를 뿌려 나를 기억하게 만들었다. 이건 멋이었다. 그리고 아무래도 디자인의 1순위 또한 '멋'이다. 나만의 멋 하나로 다른 사람들 기억에 오래 남을 수 있던 것처럼, 욕실도 그렇게 만들 수 있다고 생각했다.

그렇다고 디자인만 강조하고 싶지는 않았다. 모든 사람들에게 맞출 수 있는 편의와 실용적인 부분을 배제하는 건 좋은 상품이라고 볼 수 없다. 하지만 '보기 좋은 떡이 맛도 좋다'는 말처럼, 예쁜 커피잔 안에 담긴 커피가 종이컵에 담긴 커피보다 맛있어 보이는 것처럼, 상품의 실용성을 유지하며 아름답게 만들어 내는 것은 우리의 몫이었다.

'왜 욕실용품은 똑같이 생겼을까'라는 생각으로 만들기 시작한 예쁜 욕실용품들은 중국에서 열린 '욕실 주방 국제박람회'에서 수많은 카메라 세례를 받았다. 순식간에 대리점 요청 계약이 이어졌고, 중국 주거 생활 발전에 기여한 100대 기업상, 녹색경영대상, 중국유명브랜드상을 수상할 수 있었다.

요즘 오래전 디자인 상품 공장으로 유명했던 김포공장을 새로

단장하고 있다. 그리고 음성 제2공장까지 확장해 욕실 테마 전시장을 중심으로 토탈 건축 자재 아울렛몰, 리빙 엑스포 공사를 한창 진행 중이다.

지금의 시장은 기업이 개발하는 속도보다 소비자의 요구나 아이디어 속도가 더 빠를 때가 많다. 그에 맞춰 소비자의 니즈가 충족되는 신제품이 속전속결로 출시되어야 하는 시기다.

나는 여전히 욕실의 디자이너로 남고 싶다. 그러면서 소비자의 아이디어를 실천하는 디자이너, 소비자를 리드하는 디자이너로 더 발전하고 싶다.

김포공장과 음성 제2공장을 고객에게 가깝게 다가설 수 있는 공간으로 만들어, 내 노력은 현재진행형이라는 것을 보여주고자 한다.

세상에 도움이 될 만한 변화를 찾아라

작은 기업은 대기업보다 열악한 환경일 수밖에 없다. 그러나 그런 열악한 환경에서 살아남는 방법은 간단하다. 바로 치열한 장인 정신, 프로의 눈으로 상품과 기업의 내부, 세상의 변화를 살펴야 한다는 것이다.

말은 쉽지만, 온전히 실천하는 경우는 드물다. 대기업이라는 거대 자본은 대량 생산을 통해 우수한 질이라는 포장을 만들기도 쉬워 진짜배기 우수 상품을 밀어내기도 한다. 그리고 거대 광고와 경쟁성 할인율 전쟁 등을 보면, 중소기업과 대기업은 애초에 상대가 안 되는 싸움이다. 결국 상품의 품질을 무기로 삼아 소비자에게 적당한 가격을 받고, 팔 생각을 해야 한다. 기술 개발에 대한 연구를 끊임없이 생산해내야 하고, 기술을 돋보이게 만들어줄 다양한 아이디어도 뒤따라와야 한다.

당시 양변기 디자인에 박차를 가할 때, 그린라운드 여파는 녹색을 중심으로 둔 운동이 아니었다. 바로 '환경을 지키는 상품' 이라는 게 포인트였다. 그 당시 세계는 에너지, 환경문제가 가장 큰 이슈로 떠오르고 있었다. 특히 이상기후로 인해 극심한 가뭄이 이어졌고 절전, 절수 운동의 일환으로 개발된 제품들이 계속해서 등장하고 있었다. 국내뿐만 아니라, 일본, 유럽, 미국 등에서는 절수 기능 제품 개발이 한창이었다.

더 큰 일을 벌일 때가 된 것만 같았다. 작은 기업으로서 지켜야 하는 좋은 품질, 디자이너로서 발견해야 하는 디자인, 그리고 세상을 변화시킬 수 있는 개발이 필요한 시기였다. 국내 양변기 제조업체들이 절수형 양변기를 제조하지 못하는 걸 보고 '내가 직접 개발 해야겠다' 라고 생각했다.

개발이라는 건 회사 안의 모든 사람을 힘들게 하는 일이다. 새로운 제품 개발에는 많은 시간이 투입되지만, 성과는 늘 불확실하고 이에 픽픽 쓰러져 가는 회사들은 예나 지금이나 꽤 많다. 그러나 나는 세상에 도움 되는 일에 대한 꿈이 있었다.

회사를 설립한 후, 수익을 많이 올리게 되면서 안정을 찾게 되자 나는 이 상태에 만족하며 정체하기보다는 새로운 변화에 도전하

양변기와 함께 춤추는 CEO

고 싶다는 생각이 들었다. 그리고 그 도전이 여러 사람, 더 나아가서는 국익에 도움 줄 수 있는 것이라면 더 좋겠다는 구체적인 꿈이 만들어졌다. 내가 갖고 있는 꿈이라고는 화장실 문화에 대한 새로운 생각과 기술이었는데 이것으로 어떻게 세상의 변화를 이끌어낼 수 있을지, 어떻게 세상에 도움을 줄 수 있을지 고민을 한 와중에 좋은 캠페인을 접하게 된 것이다.

당시 우리나라는 한 번 사용할 경우 13리터의 물이 흐르는 변기를 근 20년 동안 생산해왔다. 4천4백만 명의 우리나라 인구 중 절반인 2천2백만 명이 13리터의 물을 쓰는 변기로 하루 4번 정도 사용한다고 가정해보자. 어림짐작해도 어마어마한 양의 물이 소비되는 셈이다.

우리나라도 물 부족 현상에 대해 남의 일인 것처럼 팔짱 끼고 볼 수 있는 입장이 아니었다. 물을 아껴 써서 지구를 지켜야 한다는 말은 유치원 어린아이들도 할 수 있는 말이었지만, 정작 실천은 어려웠다. 방법이야 여러 가지가 있겠지만 나는 한 기업을 운영하고 있는 사람의 입장에서 실현 가능할 만한 일을 찾고 싶었다. 세상에 도움이 될 만한 변화를 가져오고 싶었으니 말이다.

변기 물을 한 번 내릴 때 13리터가 쓰인다면 이를 절반으로만 줄여도 많은 양의 물을 아낄 수 있지 않을까? 즉, 6리터의 물이 소비되는 변기를 사용한다면 이전에 사용한 물의 절반 이상, 엄청난 양의 물을 절약할 수 있는 것이다.

물 절약도 되면서 수질오염 또한 막을 수 있는 절수형 양변기를 만들어 내고자 했다. 그동안 사람들이 깨끗하고 아름다운 욕실 문화를 즐길 수 있도록 디자인에 힘써왔다면, 이제는 환경을 깨끗하고 아름답게 할 수 있는 욕실 문화를 만들어내야 할 때였다.

당장 하고 있는 사업만으로도 회사의 수익은 충분히 올라가고 있었다. 꽤 안정적으로 운영이 되고 있던 터라 지금의 수준에서 만족해도 되지 않나 하는 생각이 들기도 했다. 그러나 세계의 흐름을 지켜봤을 때 절수형 양변기는 이미 필수사항과 같은 것이었다. 미주국가들은 10여 년 전부터 6리터 변기 사용을 권하고 있었다. 특히 미국 정부는 1994년 1월 1일부터 현행 가정용 변기를 13리터에서 6리터 변기로 사용토록 법으로 규제했다. 만약 6리터 변기를 설치하지 않을 경우 건축 허가 및 준공을 내주지 않을 정도로 절수형 양변기 사용을 중요하게 여기고 있었다.

나는 절수형 양변기를 만들어내는 데 온 신경을 쏟았다. 세상에 도움이 될 만한 변화, 그리고 사업을 하는 큰 의미와 충분히 가치가 있는 도전이라고 판단했다.

'6리터의 물로 기존에 13리터의 물을 사용했을 때와 같은 강한 세척력을 발휘하게 할 수 있는가?'

양변기와 함께 춤추는 CEO

이것이 가장 중요한 관건이었다.

이 시기, 사람들에게 해외 절수형 양변기는 불량이라는 인식이 뿌리내려 있었다. '시원하게 물이 내려가지 않는다'는 이유 하나였다. 이왕이면 기존의 제품처럼 물이 내려가야 했다. 기존의 것처럼 아무 불편함과 찜찜함 없이 똑같은 물의 세기를 내는 절수형 양변기를 개발하는 게 내 몫이었다.

기술 개발이 과제로 떠올랐다. 물의 양이 적어져도 탱크 안 물의 중력을 크게 받을 수 있도록 변기 하부 트랩모양을 바꾸는 것이 절수형 변기의 열쇠로 작용했다.

처음에는 막연하기만 한 개발이었지만 단점과 보완해야 할 점이 정확해지자, 윤곽이 잡혔다. 변기의 앞 가장자리 4개의 분출구에서 유압식 물살로 물을 빠르게 이동시키는 '사이폰 방식'을 효과적으로 이용하여 뛰어난 수세 능력을 갖춘 절수형 양변기를 만들어냈다. 이 방식은 절수 기능뿐 아니라 제품 사용 시 소음까지도 최소화하여 공동주택이 많은 우리나라 실정에 적합한 제품이었다.

특수한 제조나 설비, 투자가 필요 없는 아주 용이한 양변기로 기존의 배관, 부속품을 그대로 사용할 수 있었다. 무엇보다 물의 절약과 환경오염 방지에 대해 기여할 수 있을 거라는 생각에 기쁨이 앞섰다.

불필요한 하수 방류를 사전에 규제함과 동시에 소중한 에너지인

물을 절약할 수 있다는 점에서 절수형 양변기의 의의는 매우 컸다.

그 뒤 우리 회사는 환경오염을 방지함과 동시에 국내 종말처리 시설장에 투입되는 엄청난 예산을 절감하게 되어 국가의 경제적인 차원에서도 일익을 담당한 걸 인정받았다. 또한 국내 최초로 개발된 6리터 절수형 양변기 덕분에 환경마크를 획득했을 뿐만 아니라 대통령표창까지 받게 되었다.

절수형 양변기에 우리 회사 디자인을 입히기 시작했고 태국에 공장을 두고 대만, 홍콩, 중국 등에 수출할 수 있었다. 그 뒤로는 엄격하고 까다롭기로 유명한 미국 시험공인기관에서 품질 및 절수 기능 합격을 받았고, 이를 계기로 이미 6리터 절수형 양변기 설치를 법적으로 의무화하고 있는 미국, 캐나다 등 선진국에 대량 수출까지 할 수 있게 됐다.

세계화의 시대에 세계의 변화 흐름을 읽어내는 눈, 그리고 그 변화 위에 올라타 변화를 주도하는 행동력, 나의 이익에서 그치지 않고 더 큰 세상의 이익을 추구하는 자세가 있을 때 성공은 따라온다.

만약 내가 제품을 개발하는 게 아니라, 그때의 현실에만 안주해 있었다면 어땠을까? 미국에 제품을 수출한다는 건 꿈도 못 꿀 일이었을 것이다.

나는 앞으로도 스마트 욕실 제품 개발을 위해 과감한 투자를 아

▶양변기와 함께 춤추는 CEO

끼지 않을 것이다. 그리고 현재에 만족하지 않고 계속해서 더 좋은 욕실 문화를 연구해 나가려 한다. 그 일이 세상에 도움이 되는 일이라면 더더욱 발 벗고 나서야 하는 게 내 역할이다.

우리 시대의 욕실 문화를 이끌어나가겠다는 자세로 시작한 사업이었다. 우리나라의 환경과 에너지 절감을 생각함과 동시에 세계적으로 중요한 가치에 발맞춰 나가기 위해 힘썼다. 그 결과, 인터바스의 역사가 새롭게 쓰이기 시작했다.

새로운 양변기, 특별한 욕실

1990년 당시 국내에 설치된 양변기는 거의 비슷했다. 놀이터, 기차역, 버스터미널, 관공서, 식당, 주택, 아파트 할 것 없이 어디든 같은 모양의 중형 양변기였다. 중형 양변기의 물탱크는 윗부분에서 아래로 내려갈수록 점점 좁아지는 형태로, 탱크를 덮는 도기 뚜껑이 있었고 탱크와 하부를 볼트로 연결한 형태였다. 이렇게 조립된 모양이다 보니 간혹 탱크를 덮는 도기 뚜껑이나 탱크와 하부가 흔들리는 경우가 많았다.

디자인을 공부한 내가 똑같은 모양의 양변기를 만들어 내는 건 석연치 않았다. 무엇보다 조립된 형태에서 흔들림이 있다는 문제도 있었다. 이때쯤 내 목표는 하나였다.

'소파처럼 편안한 양변기.'

편안함과 함께 시각적으로도 개성 있는 양변기 스타일을 그려보기 시작했다. 탱크 모양을 마름모꼴로 만들고, 물탱크를 덮는 뚜껑을 안으로 넣었다. 그리고 물탱크 모양의 선을 살렸다. 탱크 바닥 면 양쪽에 단을 만들어 하부와 조립 시, 일체형 느낌을 주도록 했다.

지금은 많이 보급된 형태지만, 당시에는 파격적인 디자인이었다. 나는 이 파격적인 디자인을 KH하우징에 3년 연속 출시했고 양변기가 한 가지 모양인 줄 알았던 소비자들과 건설사들로부터 엄청난 카메라 세례를 받았다. 주문은 쇄도했었지만 문제가 하나 있었다.

높은 온도로 소성하는 과정에서 제품의 변형이 심했다. 원료를 바꾸기도 하고 석고 몰드 수정을 다방면으로 해보았지만 실패의 연속이었다. 또한 국내 기존 부속품 사이즈가 커서 우리가 개발한 작은 탱크 안에 설치 할 수 없었다. 그래서 탱크 내부에 들어갈 부속품을 별도로 개발해야 했다. 우선 미국 F사의 제품을 사용해서 이 제품을 참고로 하여 국내 S사와 함께 탱크 부속품 개발에 성공할 수 있었다. 더불어 물탱크 앞에서 레버를 아래로 내리는 기존 제품에 변화를 주기 위해 국내 최초로 탱크 옆에서 라운드 버튼을 누르는 방식을 고안하여 고급스러움을 높였다.

많은 투자비용과 3년간의 시행착오 끝에 1993년부터 시판에 들어간 이 제품은 모델 D-005이다. 기존 제품보다 두 배가 넘는 가격에도 불구하고 국내 대부분의 건설사들은 신규 프로젝트에 이 모델을 적용했고, 서른 살을 갓 넘은 젊은 오너가 있는 인터바스는 유명세를 타기 시작했다.

우리 회사는 이 제품으로 특허청에서 디자인 의장등록을 받았다. 지난 10여 년 전부터 오늘에 이르기까지 국내 모든 제조업체나 수입 업체들은 D-005와 비슷한 제품을 연달아 내놓았다. 반피스 혹은 준피스라 불리는 이 제품은 오늘날 대한민국 어디서나 쉽게 만날 수 있는 표준모델이 되었다.

나의 욕실용품 개발은 이게 끝이 아니다. 일반적으로 탱크 레버를 동작하게 되면 탱크에 담겨 있던 물이 배수로를 타고 사이펀 기능이 작동되는 과정에서 물에 의한 소음이 커질 수밖에 없다. 늦은 밤 반갑지 않은 손님 같은 양변기 소음을 줄이는 방법을 생각해냈다.

나는 기본적인 과학을 응용하기로 했다. 물속에서 박수를 치면 소리가 전달되지 않는 원리를 이용하는 건 어떨까 싶었다. 사이펀 볼텍스 방식을 채택해 물탱크 높이를 최대로 낮추고, 물탱크에 담겨있는 물을 변기 내부에서 소용돌이치도록 만들었다. 물 내려가는 소음을 최대한 줄인 이것이 로우탱크 원피스 양변기라 하는 D-1000 모델이다.

양변기에 흠뻑 빠져있어, 양변기 개발에만 매달렸다고 오해하는 사람이 있는데, 나는 어디까지나 나 스스로를 '욕실 디자이너'라고 말하고 다녔다. 나에겐 욕실 안 모든 제품이 디자인 개발 대상이었다. 욕실 공간을 좀 더 넓게 사용하고 바닥 청소를 쉽게 할 수 있도록 만들고 싶었다. 그래서 개발한 디자인이 인터바스의 반다리 세면기다.

우리는 상품에 대한 자신감이 넘쳤다. 적극적으로 제안해 국내 S건설사가 신규 아파트 프로젝트에 이 상품을 사용하게 되었다. 역시 반응은 좋았다. 이를 계기로 대부분의 건설사들이 우리 상품을 적용했다. 이 덕에 좋은 개발도 이어졌다. 세면기 하부의 냉·온수 간격을 줄이는 계기가 된 것이다. 냉·온수 간격이 좁아진 아파트들이 대거 늘면서 오늘날 일체형 반다리 세면기도 호환설치, 사용할 수 있게 되었다. 결국 반다리 세면기가 적용되면서 세면기 냉·온수의 새로운 간격 기준을 만들어 놓은 셈이 되었고 아울러 다양한 디자인의 일체형 세면기가 속속 출시되었다.

나는 새로운 욕실에 대한 생각이 많아졌다. 그러던 중 영국 출장 중에 욕실 바닥에 카펫이 깔려있는 걸 확인했다. 지금 우리나라 많은 사람들도 하고 있지만 당시에는 생소한 건식 욕실이었다. 건식 욕실은 늘 적절한 습도를 유지하는 공간이다. 바닥이 늘 물에 젖어 습하게 사용하는 우리나라와는 달랐다. 더 쾌적할 수 있도록 샤워부스를 제작해서 최대한 물이 튀지 않도록 만든 것이다.

우리나라에도 욕실에 유리가 들어오게 된다면 다들 위험하다고 생각할 게 뻔했다. 나는 강화유리를 사용해 샤워부스를 만들기로 했다. 강화유리는 충격을 받았을 때 일반 유리처럼 깨지는 게 아니라 모래처럼 조각나서 흘러내린다. 강화유리로 위험을 최대한 줄이고, 욕조 전체를 가리지 않고 절반쯤 가릴 수 있도록 설치해서 샤워기 물이 바깥으로 튀지 않도록 만든 것이다.

욕실은 항상 축축한 곳이라는 관념에서 벗어나 건조한 욕실로 바꿔놓은 셈이었다. 이후 다양한 생산업체에서도 샤워부스를 생산했고, 오늘 날 샤워부스는 어느 가정에서도 쉽게 접할 수 있는 욕실 필수품이 되었다.

나는 이런 샤워부스뿐만 아니라 1990년 이탈리아 T 공장에서 생산한 스팀샤워박스를 국내 전시회에 출품하기도 했다. 유리 박스 안에 사람이 들어가서 가만히 서 있으면, 물의 압력을 이용해 우리 몸을 청소해주는 기능이 있는 상품이었다.

새로운 상품이 언제든 개발될 수 있고 누군가는 찾게 된다는 걸 나는 매번 깨달았다. 이후 데코레이션 상품을 개발했다. 독일 프

▌양변기와 함께 춤추는 CEO

랑크푸르트에서 열린 세계 최대 직물 전시회 HEIMTEXTIL에서 다양한 패턴을 본 뒤였다. 욕실 공간도 충분히 화려하게 만들 수 있을 거라는 욕심이 생겼다.

그 뒤 영국과 프랑스, 이탈리아 등의 화려한 꽃을 아름다운 무늬로 구현해낸 Decoration Suite를 세계 최초로 개발 생산했다. 욕실 구성품인 벽과 바닥 타일, 양변기, 세면기, 거울, 수전금구와 욕실 액세서리에 전사지와 핸드페인트 기법으로 무늬를 새긴 것이다.

과정은 쉽지 않았다. 이 기법은 1230℃의 고온으로 생산한 백색 위생도기 제품에 무늬를 입혀 다시 830℃ 고온으로 2차 소성을 하는 작업이었다. 커피잔이나 접시처럼 작은 제품은 높은 온도에 잘 견딘다. 하지만 덩치가 크고 배수 트랩구조가 있는 양변기를 높은 온도에서 2차 소성하는 건 누구도 시도하지 않았던 때였다. 그러한 소성 과정 중에 제품 파손이 50%가 넘는 상황이 지속되어 엄청난 손실과 함께 생산을 포기해야 하는 상황까지 이르렀다.

가만히 앉아서 불량품을 보고 있자니 체질에 맞지 않았다. 엔지니어 출신은 아니었지만 생산율을 높이기 위해 기술진들과 함께 오랜 시간을 보냈다. 6개월간 가마 옆에서 밤도 지새우고 유럽의 가마 공장들을 여러 차례 방문하면서 원인을 유추해 나갔다.

어디서든 조언을 구하기가 어려웠다. 일찍이 그런 사례가 없었기 때문이다. 답이 없다는 것, 불확실하다는 건 사람을 괴롭힌다. 하지만 나는 반대로 더 신나는 기분을 느꼈다. 아무도 시도하지 않았던 일, 그리고 쉽지 않은 일에 도전을 하게 되는 것이 나쁜 일만은 아니었다.

원인을 분석해나가는 긴장의 시간이 흘렀고 불량 파손율을 10% 이내로 줄여나갈 수 있었다. 세월이 지난 현재, 불량 파손율은 1% 이내다. 세라믹 도기 제품과 동일한 패턴으로 원단과 나염, 슬리퍼, 변기커버, 수건세트, 샤워 커튼까지 생산했다.

이 욕실세트를 보는 이들은 감동 그 자체라 얘기하기도 했다. 국내 유명 백화점에서 전시, 판매가 되면서 많은 사람들의 걸음을 멈추게 만들었던 상품이 바로 이 제품이다.

탄력을 받아 국내 업계 최초로 욕실 프랜차이즈 전국 매장들이 100곳 넘게 오픈되면서 인터바스는 제2의 도약을 맞게 되었다. 2001년 욕실업계 국내최초로 "보여주고 싶은 욕실 interbath!" TV 광고를 하이라이트 방송 시간대에 방영했고, 2006년 TV홈쇼핑에서 국내 최초로 욕실 세트를 판매 진행했다. 40분 동안 700여 콜이 접수되어 매출 20억을 기록하게 됐다. 2004년 인터바스 데코레이션 제품은 중국대륙 상해 중심가 쉬자회 GH 백화점의 150 ㎡ 규모 인터바스 매장에서 한국보다 3배 더 높은 가격으로 부유층 소비자들의 선택을 받았다.

▌양변기와 함께 춤추는 CEO

이후 욕실 시스템의 하모니 연출 브랜드로 2010년 중국 주거 문화에 이바지한 Top 100대 브랜드상과 FAMOUS 브랜드상, 녹색 대상 등을 수여 받으며 비행기가 뜨고 내리는 중국 주요 74개 도시에 인터바스 체인점이 줄지어 오픈했다. 인테리어 매거진들의 인터뷰 요청과 바쁜 일정 속에 제3의 도약기를 맞게 되었다.

나는 계속해서 개발을 해왔고, 지금 이 자리에 왔다. 내 브랜드를 사랑하는 마음만으로 회사를 키우는 건 불가능하다. 사랑하는 만큼 노력해야 하고, 내 브랜드의 가치를 높이는 생각을 끝없이 해야 한다. 그래야만 내가 사랑하는 내 회사의 가치를 고객도 사랑할 수 있는 것이다.

세상에는 쉬운 일이 절대 없다. 특히 아무도 시도하지 않은 일에서 실패를 마주했을 때 불안감은 극도로 올라간다. 나는 불안함을 없애고, 내가 일을 함으로써 얻는 즐거움만 생각했다.

가슴 뛰는 일, 즐거운 일을 해라. 그러면 모든 결과는 반드시 되돌아 올 것이다.

브랜드의 가치

1990년 중반, 인터바스 제품은 타 경쟁업체보다 두 배 이상 가격이 높았다. 우리는 더 팔기 위한 박리다매 상품이 아닌 디자인을 앞세운 고품질, 고기능으로 브랜드 마케팅을 했다. 그만큼 인터바스라는 브랜드에 자신감이 있었고, 덕분에 후발주자로서의 자존심까지 지킬 수 있었다.

어느 날 한국에 IMF가 터졌다. 모두들 힘들다고 아우성이었다. 그래도 우리는 가격을 내리거나 가격으로 경쟁하지 않았다. 꾸준히 디자인에 승부를 걸었고 고급화 전략을 추구했다. 남들은 의아해할 수도 있지만, 오히려 그 덕분에 우리 회사는 업계에서 입지를 다질 수 있었다.

IMF 여파 속에서 국내 대형 유수 건설사들은 최고급 주상복합 아파트를 만들었고 돈 있는 부자들은 그곳으로 몰리는 기현상이 벌어졌다. 브랜드 아파트의 시작이던 그 해, 인터바스 고급 양변기들은 부족해서 난리였다. 제품을 달라는 곳은 많았지만, 모두에게 물량을 줄 수 없을 정도였다.

고급 주상복합 아파트를 짓는 메이저 건설사들의 시선이 인터바스 제품으로 모아졌다. 놀이터 화장실에서 보던 양변기, 지하철 화장실에서 사용하던 양변기를 브랜드 아파트에 적용할 수 없다는 생각 때문이었다. 어떤 상품이든 공간에 어울리는 상품은 따로 있는 법이었다.

인터바스의 브랜드 제품을 얻기 위해 건설사 사장들로부터 문의가 쇄도했다. 80년 후반에 이런 일을 한 번 겪은 나로서는 놀라운 일이 아니었지만, 직원들은 놀라는 눈치였다. 인터바스의 수많은 제품이 국내 유수 메이저 건설사 아파트로 대량 납품됐다. 매출은 큰 폭으로 상장될 수밖에 없었다.

당시 브랜드 마케팅이라는 건 없었다. 있다 해도 일부 대기업 몇 개일 뿐이었고, 그마저도 지금처럼 체계적인 브랜드 마케팅과는 차이가 있었다. 일반적으로 제품을 광고하고, 파는 게 전부였다. 이때 우리는 이미 인터바스라는 브랜드 마케팅에 성공한 셈이었다.

나는 인터바스라는 브랜드를 사용하면서, 지속적으로 브랜드를 고급화시켰다. 브랜드 마케팅 결과, 좋은 상품을 있는 그대로 가치 있는 값으로 팔 수 있게 되었고 인터바스 브랜드 마케팅을 더 적극적으로 하기 시작했다. 최고급일수록 더 잘 팔리던 때였으니 무서울 게 없었다.

보통의 기업들은 브랜드 마케팅에 대해 생각하지 않았다. 소비자의 입장에서도 제품을 구매할 때 가격이 우선일 뿐이지, 어떤 브랜드의 제품이냐는 그렇게 중요하게 여기지 않았다. 물론 상품 하나하나의 가격이나 가치도 중요하다. 하지만 품질 좋은 상품을 더 많은 사람들에게 알리는 하나의 방법은 '브랜드화' 하는 것이다.

특히 요즘은 아무리 상품이 좋아도, 브랜드가 잘 알려지지 않으면 금세 사라지기 마련이다. 기업에서 심혈을 기울여 만든 상품이 고객의 손에 닿기도 전에 사라져 버린다면, 그것은 기업의 존재 이유가 사라지는 것과 같다.

브랜드 마케팅에 대해 말을 하면 사람들은 곧잘 묻는다. 그때부터 어떻게 그런 생각을 했냐고 말이다. 나는 젊은 시절부터 외국에 나가 '넓은 물'에서 노는 방식이 이런 생각을 키운 거라고 생각한다. 일을 하러 갔었지만, 일하는 것만으로 끝내지 않았다. 내 스스로의 시각을 넓히기 위해 노력했다.

나는 지금도 후배 청년들에게 세계무대로 나가야 한다고 말한다. 많은 것을 본 사람과 다양한 말을 들은 사람이 승리에 가까워

양변기와 함께 춤추는 CEO

진다는 믿음 때문이다. 외국에서 자주 눈에 띄는 브랜드, 그 브랜드를 선호하는 사람들과 그 브랜드만의 분위기를 보면서 놀랄 수밖에 없었다. 브랜드는 마치 어느 나라에서 통하는 언어와도 같았다. 나는 수십 년 전부터 타국의 브랜드를 보고, 스스로 하나의 방법을 발견하게 된 것이었다. 다른 누군가가 이런 것이 있다고 설명해주지 않았지만 멀리 다양한 장소에서 일찍이 깨달음을 얻었다.

잦은 출장으로 인해 비행기에 앉아 창밖을 바라보면서 생각하는 시간이 길었다. 나는 그때마다 혼자 상상하고는 했다.

'나중에 회사를 차리면 어떤 브랜드를 만들지?'

그 상상을 멈추지 않았다. 인터바스의 뜻은 그 상상을 기반으로 만들어졌다. 상품은 공장에서 똑같이 찍혀 나오는 하나의 물건이지만, 맨몸으로 있는 상품에 가치라는 옷을 입히는 건 회사다.

우리 회사는 처음부터 많이 팔고 돈을 많이 버는 일에만 몰두하지 않았다. 누군가에게는 그저 '매출 좋은 회사'일 수도 있다. 하지만 가격전쟁에 나서지 않고, 고급화 전략과 브랜드라는 가치에 투자함으로써 이렇게 오래 기업을 운영할 수 있었고, 기억되는 브랜드로 남게 되었다.

만약 내가 양변기를 가치 있는 상품으로 생각하지 않고, 그저 싼 가격으로 어느 곳에나 들이밀었다면? 글쎄, 과연 이런 결과가 남게 되었을지 내 스스로도 의문이 든다.

나 자신이 중요하게 생각하는 부분은 처음부터 정해놔야 한다. 그리고 그건 어떤 상황에서도 곧게 세워져 있어야 한다. 결국 그 중요함을 다른 사람들도 똑같이 느끼는 순간이 올 것이다.

양변기와 함께 춤추는 CEO

양변기와
함께
춤추는 CEO

interbath!

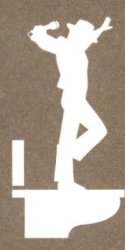

큰 꿈은 꾸되, 현실을 외면해서는 안 된다. 주위 사람 모두가 힘들어질 수 있고, 무엇보다 사장 스스로가 큰 어려움을 겪을 수 있기 때문이다. 단단한 사장은 자신의 자리에서부터 시작하는 법이다. 내 자리에 온전히 집중하여 최고가 되었을 때, 문득 내가 성장했다는 걸 깨달을 것이다.

interbath! 상해 업무 중……
외국에 살면서 태극기를 더 사랑하게 됐다.
회사든 집에서든 늘 태극기와 함께한다.

중국에 빠지다

인터바스를 설립하고 개발한 6리터 절수형 양변기가 크게 성공했다. 나는 단 한해도 적자를 본 적이 없을 정도로 많은 돈을 벌었다. 대한민국 녹색경영대상, 대통령표창, 환경부장관상 등 수많은 상을 받으며 브랜드와 내 이름을 드높일 수 있었다.

돈과 명예가 내 양손에 쥐어있는 것 같았다. 나는 행여나 '지금'에 만족하며 사업에 흥미를 잃어버릴까 두려워지기 시작했다. 모두 얻은 것 같았지만, 나는 여전히 젊은 사장이었다. 앞길은 아직도 구만리나 남아 있었다.

세계 이곳저곳을 돌아다녔던 탓인지 내 브랜드를 걸고 세계시장에서 활동하고 싶다는 생각이 늘 마음에 있었다. 그 꿈을 이루기 위해서라도 나는 국내에서 만족하며 머물고 싶지 않았다. 그러다 중국 박람회를 통해 중국시장에 진출할 수 있는 발판이 만들어졌다.

　나는 먼저 중국에 직원을 보냈다. 최대한 다각도로 중국시장을 살피고, 차근차근 일을 풀어가고자 했다. 중국에 공장을 세우고 수시로 한국과 중국을 오가면서 준비를 해나갔다. 2002년, 나는 내가 공들여 세워놓은 회사와 회사의 통장, 도장을 직원들에게 맡기고 새로운 도전을 위해 중국 땅으로 진출했다. 그리고 2003년 본격적으로 중국에서 활동을 시작하며 제2의 사업을 시작하게 되었다.

　외국을 자주 드나들었지만 중국이라는 시장은 다른 나라와 달랐다. 우선 중국시장은 수많은 해외 사업자들에게 생소했다. 중국시장 개방이 늦었던 탓이다. 누군가가 해오고, 봐왔던 시장 흐름과는 달랐다. 기준으로 삼을 만한 사례가 많지 않아서였을까. 중국이라는 거대한 땅에서 시작한 해외 사업체는 많았지만 제대로 된 성과는 가시적으로 드러나지 않았을 때였다.

　시장의 흐름이 명확하지 않다는 것. '기대를 해도 될까'라는 우려가 컸다. 그리고 무엇보다 언어의 장벽으로 걱정은 점점 부풀어 올랐다. 나는 나름 외국을 자주 다니며 외국어 능력이 그 누구보다 향상된 위치에 놓여있었다. 그러나 중국어는 달랐다. 지역을 조금만 벗어나도 알아들을 수 없을 정도로 사투리가 심했다. 서로의 언어를 이해하고 공감을 이끌기 위해서는 첫 만남 안부가 가장 큰 인사다. 그 기본적인 것에서 막혀버리니 자신감이 사라지기 도 했다. 물론 중국어를 잘 하는 직원, 통역을 해주는 사람을 구하는 건 어렵지 않지만 회사 대표로서 내가 직접 그들의 친구가 되어야 했다. 그들의 '거래인'이 아닌 '친구'가 되는 게 먼저였고, 그게 내 방식이었다.

방법은 단 하나였다. 스스로 노력해야만 했다. 중국에 들어서면 무조건 중국어만 했다. 내가 하는 말이 틀린지 옳은지는 나중에 알게 되더라도, 내가 노력하고 있다는 건 보여주고 싶었다.

내 말을 알아듣는지, 못 알아듣는지 확인하기 위해서 일단 입을 열어야 했다. 내 말을 못 알아듣는 건 상대의 사정일 뿐이라고 생각했다. 자신 없다는 생각에 주눅 들어 있거나 입을 안 열면 안 됐다. 나는 어깨가 움츠러들 때마다 더 큰 소리로 중국어를 했다.

그리고 을지로 셔터맨이던 시절을 떠올렸다. 같은 나라에 태어나 같은 언어를 사용하지만 그들은 나에게 마음을 닫았다. 하지만 내 꾸준한 열정으로 그들의 마음을 열고 들어갈 수 있었다. 상대는 어차피 같은 사람이다. 두려워 뒷걸음질 치면 결국 낭떠러지 가까이에 간다는 마음으로 열심히 노력했다.

중국은 시장 개방에 우호적인 부분이 많았다. 물론 배타적인 마음이 아예 없던 건 아니었지만, 시장 개방은 그들에게도 나름의 기회였다. 나에게 마음을 닫았던 사람들의 마음도 열었던 내가 고작 언어의 장벽 하나로 이 큰 시장을 놓칠 수는 없었다. 나는 중국인의 마음을 두드리는 연습부터 했다. 더 많이 웃었고 감정을 드러냈으며, 좋은 말을 자주 연습하고 큰 소리로 말했다. 중국어를 깊게 공부하는 건 어려운 일이다. 하지만 제일 먼저 필요한 언어는 상대를 배려하는 말이다. 천천히 좋은 말부터 배운다면, 써먹을 곳도 많다. 그러면 자연스럽게 언어 실력이 늘어난다.

  앞서 말했듯, 내가 중국땅을 밟았을 땐 이미 많은 한국 사람들이 중국의 넓은 시장을 겨냥하여 사업을 하고 있었지만, 막상 성공한 한국 사업가는 찾아보기 힘들었다. 나는 그들과 나의 차이를 분명히 해야 했다. 그리고 중국에 대한 새로운 인식의 변화만이 살길이라는 생각에 도달하게 됐다.

  중국 화장실을 떠올리면 대부분이 화장실 문화가 발달되어 있지 않아 지저분하다는 인식이 지배적이었다. 화장실 문화가 없는 곳. 즉 시장 자체가 제로에 가까운 곳에서 어떻게 사업을 운영할 수 있겠냐는 질문을 받았다. 하지만 나는 오히려 중국이야말로 화장실 문화가 가장 발달하게 될 것이라는 역발상을 했다. 그리고 중국 아파트는 실내 인테리어가 포함되지 않은 채 분양을 한다. 소비자가 직접 실내 장식을 하게 되니, 좋은 제품, 아름다운 제품의 소매시장이 충분히 클 수 있다는 판단도 한몫했다.

▌양변기와 함께 춤추는 CEO

아무것도 없는 곳에서는 무엇을 시작해도, 플러스가 된다고 믿었다. 우리나라의 경우도 언제 화장실이 집 안으로 들어올 거라 상상을 했겠는가. 그저 화장실이라는 공간은 배설하는 공간일 뿐이었다. 하지만 변화했다. 그렇다면 중국도 달라질 수 있다고 확신했다.

실제로 지금은 중국이 전 세계의 화장실 문화를 선도할 정도로 그 영향력이 크다. 중국에 있는 800여 개의 양변기 공장들이 전 세계로 제품 수출을 하고 있다. 그리고 중국의 화장실 문화가 지금은 그 어느 나라보다 앞서가고 있으니 그때 당시 나의 그런 생각은 일종의 선견지명이었던 셈이다.

나는 중국땅에서 내 인생의 목표를 다시 세웠다. 바로 인터바스를 전 세계적인 브랜드로 성장시키는 것이었다.

그러다 중국에서 좋은 기회가 생겼다. 상해에서 열린 세계 최대 욕실 박람회에서 세계 바이어들의 관심을 끌게 된 것이다. 일본과 미국에서도 평가가 좋았지만 특히 중국 바이어들은 신선한 충격을 받았다고 평했다. 욕실용품 디자인이 마치 명품 여성복 같다며 놀랐다. 수많은 중국 바이어가 우리 제품을 사겠다며 계약했다.

2003년 인터바스 상해를 설립, 생산 공장을 지은 뒤 3년 후 광둥성에 공장을 하나 더 만들 수 있었던 이유는 단 한 가지다. 바로 디자인의 승부였다. 상해 욕실 박람회에서 뛰어난 디자인으로 인터바스의 이름을 알리는 데에 성공한 만큼, 더욱 차별화된 디자인을 중국땅에 선보여야겠다는 생각을 했다.

　중국 화장실 역시 단순하게 흰색, 일색으로만 디자인되어 있었다. 나는 중국 화장실에 꽃을 입혀주고 싶었다. 이미 중국에는 일본, 독일, 미국, 이탈리아 등 여러 나라 브랜드가 양변기, 세면기, 욕실 타일, 거울 등의 욕실용품을 만들어 각종 마트에서 경쟁을 벌이는 중이었다. 인터바스가 입점하게 된 중국 상해 푸둥 신구 '홈마트' 진슈점은 중국 백연그룹이 운영하는 대형마트로 주택용품 전문상가였다. 상해에만 16개 체인점이 있는 대형마트로 1층에는 각종 욕실용품을 팔았는데 이름만 대면 알만한 세계 여러 나라의 브랜드가 몰려 있었다.

　홈마트 진슈점에 찾아오는 손님들은 처음 우리 가게가 꽃 파는 곳인 줄 알았다고 말했다. 하지만 가까이서 보면 꽃가게 아닌 바로 우리 욕실 브랜드 인터바스였다. 다른 나라 제품들과 달리 우리 욕실 제품들에는 각종 꽃과 식물 문양이 새겨져 있어서 멀리서 보면 마치 꽃가게처럼 보였다. 대부분 흰색 욕실제품이 진열되어 있는데 우리는 달랐다. 사람들은 인터바스 매장 안을 들여다볼 때 제일 먼저 꽃 모양이 보이니 신기해서 오게 되었다는 것이다.

　욕실용품은 흰색인 게 당연하다고 여겼던 중국 사람들도 이제 인터바스를 통해 흰색은 촌스럽고 단순하다는 생각을 하게 되었다.

양변기와 함께 춤추는 CEO

지난 시간 동안 인터바스가 중국에 진출해서 변화시킨 결과였다.

　중국은 워낙 땅이 넓고, 그만큼 소비자도 많은 터라 우리나라를 비롯한 세계 여러 나라 기업들이 앞 다투어 중국에 진출하고 있었다. 그런 상황에서 박람회 때 한 번 성공을 거두었다고 해서 안심하고 있으면 금방 실패를 맛보게 된다. 그래서 인터바스 디자인팀은 결코 긴장을 늦출 수 없었다.

　우리의 물건이 불티나게 팔리자 중국 욕실제품 시장에는 인터바스를 모방한 제품들이 여기저기에서 출처 없이 쏟아져 나왔다. 하지만 우리는 마음대로 모방하라고 놔두었다. 얼마나 괜찮은 디자인이었으면, 모방까지 했을까? 오히려 아무도 우리 상품을 모방하지 않는다는 게 상품 가치가 약하다는 얘기가 아닐까 생각했다. 중국 회사들이 아무리 따라 하려고 해도 우리 인터바스 디자인팀의 노하우를 따라잡을 수 없다는 자부심이 있었다. 그리고 우리는 다른 디자인을 개발하면 되는 일이었다. 그렇다고 갑자기 툭하고 제품 디자인을 만들어 내지 않았다. 한 달에 한 번씩 화곡동 본사에서 디자인 회의를 하며 수십 가지의 디자인을 만들고 또 다듬고 있었다. 디자인 실력은 누구도 흉내 낼 수 없다는 게 우리 회사 자부심의 근원이었다.

　중국땅에 있는 몇 년 동안, 주변의 경쟁이 심하다 해도 지금 잘

하고 있는 분야가 아닌 다른 것에 눈을 돌려서는 안 된다는 걸 배웠다. 물론 새로운 도전은 언제나 필요한 법이다. 하지만 그 도전도 내가 잘할 수 있는 분야에서 일어나야 한다. 이미 내가 잘하고 있는 것을 더 잘하게끔 노력할 때 성공할 수 있다.

중국에 진출한 많은 기업이 주변 경쟁에 밀려 자신이 잘하는 것을 포기하고 다른 사업을 찾을 때 결국 실패하는 경우를 많이 보았다. 할 수 있는 일에서 경쟁력을 단단하게 만들어야, 결국 다른 길로 갈 수 있다.

인터바스가 처음 중국땅에 이름을 알릴 수 있었던 이유는 디자인이다. 그리고 지금까지 꾸준하게 브랜드를 잘 알릴 수 있었던 것도 바로 차별화된 디자인 덕분이었다. 나는 다른 욕실제품과 차별화된 제품으로 우리 사업의 기초를 쌓았고, 우리 디자인을 모방한 제품이 시중에 싸게 나왔을 때도, 그 경쟁에 끼어들지 않았다. 그건 우리의 자존심이었고, 자존심을 지키며 보이지 않는 전쟁을 승리로 이끌 수 있었다.

지금 당신이 잘할 수 있는 일이 남들도 잘하는 일이라 경쟁력이 없다고 포기하면 안 된다. 내가 잘하는 것을 할 때 행복한 법이고 행복해야 능률도 오르는 법이다. '어떻게 하면 남보다 1% 차별되게 잘할 수 있을까' 고민해보기를 바란다. 똑같이 잘하는 것은 누

양변기와 함께 춤추는 CEO

구나 할 수 있다. 하지만 남들과 다르게 잘하는 것, 잘하는 일에 더 집중한다면 그것은 당신만의 경쟁력이 된다.

한국과 중국을 오가며 중국 진출을 준비했던 그 시간 동안 나는 비행기 안에서도 쉬지 않고 제품 개발과 디자인 연구에만 골몰했다. 보여주고 싶은 욕실, 머물고 싶은 욕실을 만들어서 세계인들을 깜짝 놀라게 하고 싶었고 그 바람을 이루기 위해 고민하고 또 고민했다. 그렇게 결과물이 하나둘씩 나오게 됐다.

마음으로 승부하는 마케팅

내가 요즘 디자인만큼 중요하게 생각하는 것이 있다. 바로 마케팅이다.

멋지게 만들어 놓은 상품을 시장에 잘 팔리게 해야 한다. 한 마디로 '좋은 제품'을 사람들에게 알리고 '그들이 사용할 수 있도록' 만들어야 하는 것이다. 내가 디자인을 통해 회사의 역사를 만들어 갈 수 있었다면, 마케팅은 그 역사를 유지하는 일이었다.

앞서 몇 번이나 언급했듯 중국은 전 세계가 집중하고 있는 큰 시장이다. 잠재 고객이 셀 수 없이 많다 보니 우리나라를 비롯한 많은 나라가 중국에 진출하는 중이다. 하지만 그중에서 대다수 기업과 사람들이 중국에서 쓴 실패만을 맛보고 돌아가고 있다.

실패를 맛보고 돌아간 회사는 비슷한 이유가 있었다. 저렴한 중국 제품과 경쟁을 하려면 똑같이 가격을 낮춰야 한다는 생각. 제품의 가격을 낮춰서 공급량을 늘리면 된다는 일차원적인 생각 때문이다. 하지만 이 같은 마케팅 전략은 더 싼 제품이 등장하게 되면 금방 무너지고 만다. 제 살 깎아 먹는 일일 뿐이다. 이건 중국시장뿐만 아니라 국내시장도 마찬가지다. 가격경쟁은 웬만하면 피해야 한다.

나는 이 같은 현상을 지켜보며 소비자의 마음을 사로잡을 마케팅 전략을 수립했다. 마케팅에서 가장 중요한 성공 포인트는 단기간에 성공한다는 마음을 버리는 것이다. 당장 가시적인 효과가 없다 하더라도 인내하고 기다려야 한다.

나는 마케팅을 위해 자본금을 아끼지 않고 투자했다. 중국은 유행하고 있는 디자인이 있으면 그걸 비슷하게 모방하고 더 싸게 시장에 내놓기 때문에 이를 뛰어넘는 전략이 필요했다. 그래서 인터바스는 다른 브랜드가 따라 하기 힘든 고품질, 수준 높은 디자인을 갖춘 제품이라는 분위기를 만들기로 했다. '그 값에 맞는 고품질 제품'으로, 일종의 '한국식 명품 욕실 제품' 이미지를 만들어냈다. 특히 인터바스의 아르누보 디자인은 중국 사람들이 좋아하는 꽃의 문양으로 그들의 큰 환심을 샀다. 급속한 산업혁명으로 인해 환경오염에 대한 심각성을 느끼고 있는 중국 사람들에게 자연을 벗 삼아 자연의 세계로 돌아갈 수 있는 환경을 욕실을 통해 제공해준 것이다.

또한 내 집의 화장실을 내가 아름답게 연출할 수 있다는 생각을 심어주고 이에 대한 노하우, 화장실의 세균과 곰팡이를 제거할 수 있는 건강한 욕실에 대한 정보 등을 온라인을 통하여 실시간 전달하는 프로그램도 만들었다.

마케팅 전략 방법은 비슷하다. 회사에 다니고 회사를 운영하면, 웬만한 사람들이 마케팅을 따로 공부하지 않아도 감을 잡는다. 하지만 제일 중요한 건 상품이나 값이 아니다. '어떤 상대에게'가 먼저다. 즉 타깃 소비자를 정해야 하는 것이다. 그런 다음 어떤 상품을 어떤 값에 어떻게 팔 것인지를 선택해야 한다.

우리는 처음부터 서민을 위한 저가의 제품이 아닌 부유층을 위한 고가의 제품으로 중국에서 승부를 볼 생각이었기 때문에 이 같은 마케팅을 펼쳤다. 중국 사람들이 선호하는 모양은 어떤 것인지, 부유층들은 어떤 마음으로 물건을 구매하는지를 염두에 두었다. 그러한 우리의 마케팅 전략은 중국 부유층 고객들에게 딱 맞아떨어졌다. 남들과 다른 특별함을 원하고 이제는 욕실도 집안처럼 예쁘게 꾸미고 싶은 마음을 꿰뚫어 본 것이다.

단순히 생리적 기능을 해결했던 화장실이라는 공간이 이제는 건강도 지키고 휴식을 취할 수 있는 공간이 되었다. 소비자들은 이제

양변기와 함께 춤추는 CEO

욕실도 생활의 중요한 공간으로 인식하고 욕실에 사용되는 자재나 설계, 디자인을 주어진 대로 쓰기보다는, 자신의 취향이나 욕구에 따라 변화시키고 싶어 했다. 안방을 꾸미고, 주방을 가꾸듯이 자신이 직접 제품을 선택하여 욕실을 만들어가는 일종의 '시스템 욕실'을 원하고 있었다.

세계의 여러 기업 제품을 비교해볼 수 있는 환경이라면, 더구나 더욱 질 좋은 제품에 돈을 아끼지 않는 상류층이라면, 아무리 비싸도 그 어떤 욕실제품보다 아름답고 기능이 우수한 인터바스를 선택하리라는 자신감으로 마케팅 작전을 짰다.

이를 바탕으로 불필요한 광고보다는 박람회에 더 많은 시간을 투자했다. 이 박람회를 통해 실질적으로 구매력을 지닌 바이어에게 제품을 홍보하는 방식을 택한 것이다. 또한 양보다 질이라는 생각으로 처음부터 중국 명품 건축 백화점에 체인점 개설을 확장해 나갔다. 중국시장을 모두 얻기보다는 부유층 고객을 상대로 실리 위주의 사업에 초점을 맞추자 사업은 더욱 빠르게 발전했다. 그리고 자연스럽게 '양'이 '질'을 따라와 중국 많은 도시에 인터바스 체인점이 생기게 되었다. 언젠가 비행기가 착륙하는 중국 모든 도시에 인터바스 체인점이 생겨날 것이라는 상상에 가슴이 벅차오르기도 했다.

아무리 좋은 물건이라 해도 고객층의 마음을 사로잡을 수 있는 마케팅이 없다면 그 물건은 그대로 썩고 만다. 내가 만든 좋은 물건에 자신이 있다면 밀어붙여야 한다. 차별화된 디자인이나 기능 혹은 다른 제품보다 저렴한 가격이라도 좋다. 다만 그게 정말 내 방식대로의 타깃이있고, 그 타깃을 움직일 수 있는지 살펴보았다면 말이다.

당신이 그 어떤 것이든 경쟁력을 갖추고 있다면, 그 경쟁력을 가장 필요로 하는 고객의 마음을 잡아라. 물건을 파는 마음으로는 부족하다. 나도 사고 싶을 정도로 훌륭한 상품과 차별화 있는 마케팅으로 고객을 붙잡아야 한다.

사장 마음 이해하는 게 어렵나?

2015년 5월 25일 석가탄신일이었다. 이날은 월요일이었으니 토요일부터 3일 동안 연휴가 생긴 날이다. 김포에 리빙 엑스포 아울렛 오픈을 준비하느라 종일 먼지를 뒤집어쓰고 일하던 중 조카로부터 전화가 왔다.

"삼촌! 다니고 있는 회사가 어려워져서 구조조정이 들어가는데 제가 취직할 만한 데 어디 없을까요? 짤리기 전에 회사를 나오는 게 낫겠죠?"

머리카락이 사방으로 뻗치는 기분이었다.

"너 인마. 그 회사 입사할 때 뭐라고 하면서 면접 봤냐? 너를 끊임없이 어필하고 회사를 위해 최선을 다하겠다며 동고동락한다 했을 텐데, 뭔 소리냐?"

"그렇긴 했지만 회사가 어려워서 구조조정 한다는데 가만히 구경할 수는 없잖아요."

"회사가 어려워진 게 사장 책임만은 아니야. 직원들 책임도 있는 거다. 네 사장 지금 연휴지만 쉬지도 못하고 돈 문제, 사람 문제 얼마나 괴롭겠냐. 너 살겠다고 여기저기 기웃거리지 말고, 이럴 때일수록 사장 찾아가서 소주를 한잔하든지 차를 마시든지 옆에 있어라. 그리고 '사장님 힘내십시오'라고 딱 그 말 한마디만 해봐. 그 양반 진짜로 큰 힘이 될게다."

나는 그렇게 말하고 전화를 끊어 버렸다.

다른 가족들에게 허울 없이 들어, 내가 어떻게 살아왔는지 누구보다 잘 알고 있을 조카다. 어쩌면 내가 직원들의 입장보다 사장의 입장만 생각하는지도 모르겠다. 한 회사의 대표로 있으면서, 구조조정이 들어갈 정도로 어렵다는 회사에 대해 듣고 그 회사 사장이 지금 얼마나 힘들지부터 생각하는 내가 이상한 건가?

그 회사 대표도 분명히 큰 뜻을 품고 열심히 뛰었을 것이다. 제품 개발을 하고, 직원도 보강하면서 본인은 더 열심히 사업에 매진

양변기와 함께 춤추는 CEO

했을 게 틀림없다. 창업을 할 땐, 누구나 그런 꿈을 그린다. 경영이 악화되는 회사를 그리지는 않는다. 그런데 사람의 일이라는 게 다 내 바람처럼 되지 않는다. 조카의 회사처럼 어려워지고 구조조정을 해야 할 처지가 되기도 한다.

경영을 잘못한 대표에게 1차적으로 책임이 있는 건 당연하다. 하지만 과연 회사 대표에게 모든 잘못이 있을까. 곰곰이 생각해보면 성공한 회사 대표들의 인터뷰 때 공통적으로 등장하는 멘트가 있다. "직원들이 잘해줘서입니다"라고 말이다. 반대로 회사가 어려워진 경우에는 모든 책임을 자신에게 돌리며 용서를 구하는 사례를 많이 봤다. 일을 잘한 건 직원들 몫이고 일이 잘못된 것은 사장의 탓으로 생각한다는 말이다.

회사의 대표, 특히 작은 회사의 대표는 크든 작든 모든 결정을 스스로 알아서 하고 그에 따른 책임을 온전히 혼자 짊어진다. 씁쓸하지만 당연하고 맞는 일이기도 하다.

나는 강의 때마다 강조하는 말이 있다. "사장에게 잘 보여야 성공한다"는 말이다. 사장에게 잘 보이라는 말은 아부를 잘하라는 게 아니다. 진정으로 사장의 마음으로 회사를 생각하며 매출을 늘리고 지출을 줄이려는 노력을 어디까지 하느냐는 말이다.

사실 회사 대표만큼 외로운 사람도 없다. 회사 대표가 잘될 때

아부하지 말고, 정반대의 상황에서 힘이 되는 일을 해야 한다. 누구든 어려웠을 때를 더 기억한다. 그때 대표의 손을 잡아준 직원이 사장의 오른팔이 되는 것이다. 사장의 오른팔이 되고 싶은 욕심은 누구에게든 있다. 하지만 소위 말하는 '잘 나가는 회사'에서는 꽤 어려운 일이다. 취업을 준비하는 대부분의 대학 졸업생들이나 이미 취업을 한 샐러리맨 또한 늘 '잘 나가는 회사'를 동경한다. 그건 대기업이나 공무원이 되는 길이라고 생각하기도 한다.

이 동경은 사장의 오른팔이 될 수 있는 확률을 스스로 낮추는 일이다. 스스로 망하지 않는 사업을 하고 싶다면, 쓰러져 가는 중소기업 사장의 오른팔이 되라. 그곳에서 회사를 살리는 일도 좋고, 어떻게 하면 내 일을 만들 수 있는지 고민해도 좋다.

이 사연을 읽는 독자 중에서 '그렇게 하는 사람이 얼마나 있겠느냐?'며 웃는 사람도 있을 것이다. 하지만, 이게 바로 '성공의 비법'이다. 모든 가능성의 불씨를 제대로 확인하지 않은 채 고정관념에 사로잡혀 버리면, 그것이 기회였는지조차 알지 못하게 된다. 많은 이들이 기회를 놓치고, 자신에겐 기회 한 번 오지 않았다고 말한다. 절호의 기회를 알아보는 것 또한 직장인이 갖춰야 할 능력이다.

누가 봐도 쉽지 않아 보이는 일을 하면 할수록 좋은 연습이 될 것이다. 복잡하게 꼬인 실을 뜨거운 열정으로 풀어보는 경험이 중

▌양변기와 함께 춤추는 CEO

요하다. 고생하며 푼 문제가 오래 기억에 남고 진짜로 자기 것이 된다. 책임의 무게가 적은 신참일 때 어려운 문제를 많이 풀어보는 게 좋다. 일단 문제를 풀어내면 자신만의 엄청난 경력이 될 수 있다. 예를 들어, 내게 '화장실 분야' 과제가 그러했다. 아무도 눈독 들이지 않았지만 30년 동안 적자 한 번 안 나게 해준 효자 종목이었던 셈이다.

어떤 일이 어떻게 미래에 영향을 끼칠지 모르기에, 성공을 위해 최선을 다하는 것이 좋다. 자신에게 주어진 일을 피하지 말고, 사장 데뷔를 위한 절호의 기회로 여기고 적극적으로 임해보자.

청년들에게 다시 한 번 당부한다. 마음에 들지 않는 회사라면 처음부터 입사하지 말고, 입사했으면 본인이 사장이라고 생각하기를 바란다. 회사 대표를 위해 아니, 내 회사를 위해 본인의 능력을 발휘한다면 언젠가 진짜 회사 대표가 될 수 있다.

회사를 생각하는 마음, 회사를 바라보는 눈을 사장 마인드로 한 달만 가져보라. 진짜 사장이 되는 길이 보일 것이다.

경험이 나를 키운다

성공한 사장이 되려면, '근성'이 있어야 한다. 끈기와 성실이라고 말할 수도 있을 것이다. 쉽게 지치거나 포기해서는 안 된다. 검토하는 일도 분명 필요하지만, 확신이 섰다면 그것을 성취하기 위한 집념을 보여야 한다. 하루 이틀 내에 끝낼 생각을 하지 말라는 이야기다.

상황에 따라서는 빨리 물러서야 할 때도 있지만, 그것이 본인의 체질이 되어서는 안 된다. 세상에는 쉬운 일만 있지 않다는 걸 우린 매일같이 느끼지 않는가. 또 돈과 관련된 일에서 쉬운 일은 거의 없다고 봐야 한다. 그 어려운 상황에서도 돈을 벌 길을 열어야 하는 것이 사장의 일이다.

양변기와 함께 춤추는 CEO

'번뜩이는 창조성'은 좋은 말이자, 좋은 능력일 수 있다. 하지만 남들이 미처 발견하지 못한 구석을 발견해서 벼락부자가 되는 것은 기적과도 같은 일이다. 물론, 사장은 창의성이 돋보이는 시장 창출에 투자해야 할 수도 있다. 하지만 블루오션도 때가 지나면 레드오션이 되기 마련이다. 경쟁자가 즐비한 시장에서, 자신이 우위를 점하지 않은 상태에서도 돈을 끌어올 수 있는 강인한 승부욕이 있어야 한다. 이에 끈기와 성실함이 더해져 생존을 위한 기본 무기를 갖추게 되는 것이다.

　한 기업에서 신입사원들을 대상으로 이런 과제를 내준 적이 있다고 한다. 차를 타고 가다가 길에 내려주고는 "할당된 자사 제품을 팔아서 차비를 마련해 회사로 오라"고 말이다. 갑작스럽게 해내기 어렵고, 막막한 과제임이 틀림없다. 하지만 가능성이 작고 투자할 가치가 없다는 합리적인 판단을 내리기 전에, 일단 몸으로 부딪혀보라는 것이 그 과제의 본래 의도일 것이다. 이때 정말로 제품을 모두 팔아 치우고 회사로 복귀한 사원이라면 모두에게 주목받게 될 것이다. 불가능해 보이는 과제를 기발하거나 능수능란하고 담대한 영업력으로 헤쳐 나가면 눈에 띌 수밖에 없다. 이러한 방법은 신입사원이 어떤 방식으로 잠재적 구매자에게 접근하여 신뢰를 얻어내는지도 살펴볼 수 있다.

　내가 해외 업체 직원과 가격 협상을 했었을 때, 외국어를 하는 상대의 말을 전혀 이해하지 못했던 적도 있었다. 그렇다고 적당히 말하고 난 뒤 포기하지 않았다. 어떻게 해서든 양쪽 다 만족할 만한 조건으로 계약을 성사시키겠다는 뚝심을 가지고 밀고 나갔다. 모든 일은 어렵다. 뚝심이 없으면 얻을 수 있는 성과조차 놓치는 경우가 생길 수 있다. 이는 아무 밑천도 없는 청년이 사업을 시작할 때 특히 염두에 두어야 할 것이다. 하나부터 열까지 난생처음 하는 일이라면 말이다. 내가 사장이 되기 전 훈련을 하는 거라는 마음가짐으로 임해보자.

우리는 한 번에 끝나는 일을 어려운 일이라고 말하지 않는다. 적어도 시행착오를 여러 번 겪어야 보통 일이 아니었다고 말할 수 있을 것이다. 실마리도 보이지 않는 상태에서 끈기를 가지고 견디면서, 상대에게 감동을 줘야 한다. 타고난 능력도 결국에는 끈기와 성실함을 이길 수는 없다. 나 또한 6개월 동안 계약 성사의 여부를 떠나, 여러 업체 사장을 직접 만나러 다니며 인간적인 정을 쌓아나갔었다. 그저 마냥 기다린다는 이야기가 아니다. 그들에게 성실한 모습을 비추며 신뢰를 얻었다. 끈기는 그저 속으로만 갖고 있는 게 아닌, 보여주는 것도 중요하다. 이러한 능력은 '어떠한 천재적인 능력보다 더 천재적으로' 사람의 마음을 움직인다.

유머도, 매너도 좋다. 그러나 이것들은 임기응변에 그칠 가능성

▎양변기와 함께 춤추는 CEO

이 있다. 진실한 모습을 보여줄 때 비로소 상대의 마음이 열린다. 새로운 거래처나 시장을 개척할 때 가장 필요한 덕목이며, 직장인일 때 모의 훈련을 충분히 해두는 것이 중요하다. 또한 인간적인 모습을 보일 때는 보다 신중히 해야 한다. 연인 사이에도 진부한 순간이 있고 일을 할 때도 관습적인 행동을 하는 순간이 있는데, 이렇게 하면 그 치열한 경쟁에서 내 이름을 기억시키기 쉽지 않다. 그래서 내가 선택한 방법의 하나는 바로 '손편지' 쓰기다. 요즘에는 이메일을 많이 보내지만, 나는 가끔 직원들에게 '손편지를 써서 거래처에 보내보라'고 권유한다. 편지에는 '나' 라는 사람이 그대로 담기게 된다. 때로는 다 써 놓고도 몇 글자를 틀려서 다시 써야 할지 모른다. 하지만 편지를 쓰면서 쏟은 시간과 정성이 상대에게 느껴지리라 믿는다. 크게 돈을 들이지 않으면서도 그들을 위해 무언가를 할 수 있는 것이다.

을지로에서 사장님들을 찾아다닐 때도 손편지를 써서 들고 다녔고, 아무 성과 없이 퇴근해도 편지를 보며 마음을 달랠 수 있었다. 그리고 어느 때는 타일을 사줄 잠재 구매자 한 분 한 분에게 편지를 써내려갔다. 이런 일련의 노력을 쏟으면서 을지로 타일 가게, 강남과 여의도 공사 현장 등을 돌아다니며 나를 소개해나간 것이다. 허리 굽혀 정중하게 인사하면서, 타일이 필요하다면 언제든 연락을 달라고 말했다.

그들은 대개 처음에는 바쁘다고 시큰둥했지만 점점 "너 같은 사람은 처음 본다"며 나를 배려해주었다. 내가 깍듯하게 예의를 차리면서도 정감 있게 다가가서 나를 반겨주게 된 것이다. 그 후로는 어떤 낯선 곳으로 가서 처음 보는 물건을 파는 일이 생기더라도 살아남을 수 있겠다는 생각이 들었다. 이러한 자신감이야말로 사장 훈련 과정 중에 거둔 가장 큰 수확일 것이다.

interbath!
SHANGHAI GLOBAL MARKETING CENTER.

양변기와 함께 춤추는 CEO

작은 기업은 사장이 되기 위한
맞춤형 훈련장이다

사장 지망생의 직장 생활은 '사장이 되기 위한 시뮬레이션 게임'이라고 할 수 있다. 글 쓰는 사람들은 모든 인생의 순간이 글의 재료이며, 경험이 곧 글 쓰는 훈련이라고 말한다. 이건 사업하는 사람들에게도 마찬가지다.

사장이 되고 싶지만, 자신은 사장이 될 그릇이 아니라고 생각하며 포기하려는 사람들이 있다. 맞는 말이다. 도저히 사장이 되기 어려워 보이는, 사장의 그릇을 타고 나지 않은 사람도 보인다. 그런 사람이 사장을 하게 되면 자신도 괴로움과 동시에 밑에서 일하는 직원들에게도 민폐를 끼치게 된다. 그렇지만 현실적인 이유 때문에 사장이 되지 못하는 걸 그릇 탓으로 돌리는 사람도 많다. 자신이 정말 '사장이 될 그릇'이 아니라면 어쩔 수 없지만, 스스로 자질이 있다는 걸 모르는 이들도 많다. 사장이 되고 싶다는 꿈이 있지만, 과연 그 꿈을 이룰 수 있을지 확신이 없다면 먼저 사장의 자질부터 계발해보자. 그라운드에 설 기회가 오기 전에 꾸준히 스윙 연습을 해둬야 홈런을 칠 수 있는 것이다.

사장의 자질을 계발하다 보면 자연스럽게 기업에서 원하는 '직장인의 능력'도 따라온다. 그럼에도 불구하고 영 적성에 맞지 않는 것 같다면 그때는 포기해도 된다. 하지만 자신이 끊임없이 노력하는 과정을 잘 거쳤다면, 크게 성장해 있다는 걸 느낄 수 있을 것이다.

모든 순간들이 자기 사업을 키우는 과정과 같다. 요즘 젊은이들이 바라듯이, 안정적이면서 동시에 돈도 많이 버는 일은 흔하지 않다. 안정적인 일이라면 돈을 버는 데에 한계가 있을 수밖에 없다. 하지만 사장은, 자신이 원한다면 일한 만큼 벌 수 있다.

사람들은 '결국 돈을 벌려면 사업하는 수밖에 없다'라고 말한다. 사장을 꿈꾸는 사람들이 줄어들지 않는 이유다. 돈을 많이 버는, 성공한 사장이 되기 위해선 직장의 명성에 연연하지 말고 내 자신의 미래에 도움이 될 곳을 찾는 게 좋다. 그리고 자신이 무슨 사업을 해야 할지 확실히 알고, 세밀하고 구체적인 계획이 있을수록 더욱 좋을 것이다. 최소한 업종이라도 정해져있다면 일을 시작

양변기와 함께 춤추는 CEO

하기가 훨씬 수월해진다. 일의 추진력과 함께 내가 갖고 있는 열망이 어느 정도인지 검토해보는 것도 좋다.

사업을 하고 싶은 마음이 확고하다면 대기업보다는 중기업, 중기업보다는 작은 기업이 좋다. 왜냐하면 엄청난 경쟁의 틈바구니에서 회사를 키워나가야 하기 때문이다. 작은 기업은 적은 자본과 기술력, 경쟁력만으로 대기업과 중기업이 있는 시장에서 버텨나가고 있다. 또 대기업과 중기업도 처음에는 작은 기업이었던 경우가 많다. 그것을 지켜온 사장 1세대의 노하우는 사장 지망생에게 있어서 보약과도 같다.

만일 대기업에서 일한다면 사업에 도움이 될 필수 직책을 거치는 데에만 족히 20년쯤은 걸릴 것이다. 맛보기 하는 데에만 최소 10년쯤 걸린다. 대기업의 영향력 덕분에 인맥이 많이 생길 수는 있어도, 사장이 되기 위한 직접적인 노하우를 배우기는 어렵다.

작은 기업에서는 매일 사장을 대면하고 사장과 식사하며 사장의 속마음을 들을 수 있다. 결정적으로 그의 성공 사례와 위기 대처 요령을 매 순간 들을 가능성이 높다. 일손이 부족하여 한 명당 2~5명의 직무를 처리해야 할 수도 있지만, 다양한 직무가 흘러가는 방식을 빠르게 터득할 수도 있다. 결국 작은 곳에서 일하며 사장의 특급 과외를 받고 사업체의 흐름을 몸소 체험하는 것이야말로 사장이 되는 지름길이다. 이때 그 기업이 하고 있는 사업이 자신이 하고자 하는 일과 유사한 것일수록 좋다. 실무적인 부분이나 사업할 때 주의할 점 등을 자기 사업에 그대로 적용할 수 있으니 선택 시에 고려해보길 권한다. 대기업이나 중기업을 갔을 때 걸릴 시간보다 훨씬 적은 시간을 들여 창업 노하우를 배울 수 있을 것이다.

양변기와 함께 춤추는 CEO

대인관계 기술이 시작의 반이다

사장의 기본은 '끈기와 성실' 이라고 누차 말했지만, 안정적인 사업체를 꾸려가기 위해서는 대인관계 기술 또한 매우 중요하다. 이 기술은 사회에서 성공하기 위해 갖춰야 할 필수적인 능력이다. 반드시 명문대를 나온 사람만 성공하는 게 아니다. 성공한 사람들은 상대와 협력하여 원하는 것을 끌어낼 수 있는 기술이 탁월하다. 때로는 상대에게 카리스마 있는 독재자로 군림하기도 하고, 때로는 부드러운 리더십으로 상생하는가 하면, 때로는 철저하게 상대의 비위를 맞추어 그에게서 원하는 것을 얻어낸다. 사장들도 기본적인 스타일이 다를 뿐, 대인관계 기술이 뛰어나다는 공통점을 갖고 있다.

사장뿐만 아니라 유명인이나 명성 있는 일류 전문가 등 성공한 사회인들도 이런 능력을 갖고 있다. 직장인이라고 다를 것이 없다. 대인관계 기술을 키우기 위해 노력하고 자신에게 맞는 방법을 찾아야 한다. 말단 사원이든, 간부이든 그 위치에 맞는 감각을 찾아내야 한다는 말이다. 때로 어떤 이들은 사내 정치에 더 몰두하기도 하는데, 그렇다고 해서 대인관계에 소홀해지면 안 된다. 그 균형을 잘 맞추면서 현실 감각을 예리하게 유지해야 한다.

그렇다면 사장에게 필요한 대인관계 기술은 어떤 것일까?

일단은 직원과의 관계에서 적절하게 처신하는 것이며, 가장 중요한 것은 상대 결정권자의 결정을 긍정적으로 끌어낼 수 있어야 한다는 점이다. 그것에는 명확한 답이 없기에 정확하게 전하기는 어렵다. 그렇기에 자기만의 해답을 찾으라고 말하는 것이다. 재능 있는 사장이라면 빠른 시일 내에 감각적으로 터득해내기도 한다.

사장은 우선적으로 회사를 키우기 위해서 일을 꾸준하게 가져와야 한다. 이를 위해 직원들도 함께 뛰겠지만 마지막에는 결국 결정권자끼리 만나는 법이다. 서로가 동등하게 만날 수 있다면 좋겠지만, 대개는 갑을관계로 만나서 서로 손해 보지 않기 위해 치열한 머리싸움을 해야 할 때도 있다.

어떤 사장은 무릎을 꿇고서라도 일을 따내야 한다며 비장한 결의를 다지기도 한다. 나 역시 사장이라면 일을 따내기 위해 사기

치는 것 빼놓고는 다 해봐야 한다고 생각한다. 더구나 작은 기업이라면 많은 경우 우리 쪽에서 아쉬운 소리를 해야 한다. 그것을 결정할 수 없는 직원에게 떠민다는 것은 말이 안 될 일이고, 그래서도 안 된다. 상대의 입장에서 생각해봐도, 결정권자가 아닌 이의 말을 온전히 신뢰하기 어렵다는 걸 느낄 것이다.

결국, 결정권자가 자리에 있어야 대화에도 의미가 생긴다. 중요한 순간에는 반드시 사장이 나서야 한다는 말이다. 이때 어떤 이는 노련하게 보이기 위해 차분한 목소리를 내거나 정중한 복장을 하고 엄숙함을 강조한다. 혹은 인맥을 부풀려서 말한다든지, 성공사례를 과대포장하는 여러 방식으로 상대에게 대처할 수도 있다.

나의 경우에는 중국 유명 인사들을 만날 때 반드시 내 집으로 초대해서 비즈니스의 느낌을 지우려 했다. 그래서 '납부기한, 오더' 등등 비즈니스를 연상시키는 용어는 되도록 쓰지 않고 인간적인 면을 더 보여주려 노력했다. 일상적인 표현을 많이 쓰며 "그들과 함께하고 싶다"는 마음을 표현하려고 애썼다. 그러나 어떤 방식이 답이라고 정의하기 어려운 것이 바로 대인관계 기술이다. 그러니 자신이 생각하는 사장의 모습을 그려 보자. 그 모습에 맞춰 자신을 디자인해보면 나만의 대인관계 기술이 완성될 것이다. 시간을 들일수록 더욱 좋다. 그 모든 기술은 기교보다는 진정성을 기초에 두어야 한다는 걸 명심하면 된다. 상대의 마음을 움직이게 하려면 진정성이 있어야 한다는 것쯤은 알고 있는 이들이 많을 것이다. 그럼에도 다시 기억하고, 명심해야 한다.

아무리 그래도 비즈니스는 결국 사람이 하는 일이고, 세상에는 나쁜 사람보다는 좋은 사람이 더 많다. '자기 코가 석 자'라서 나쁜 짓을 하는 사람이 있지만, 대개는 자신에게 인간적으로 다가오는 사람을 공격하는 경우는 많지 않다. 대인관계 기술을 배우기 위해 사장을 따라다녀도 좋다. 외국어 회화를 공부하는 것보다 더 중요한 과제라고도 말할 수 있다. 사장과 함께 바이어를 만나거나 협력업체 관계자, 고객과 어울리는 것이다. 그러면 자신과 다른 사람의 기술을 동시에 볼 수 있고 때로는 평가해볼 수도 있다.

생각해보면, 사실 대인관계 기술이라는 걸 직접 가르친다는 건 정말 애매한 일이다. 만약 업무라면, 구체적인 사실과 결과를 예로 들어 가르치면 되지만 이 기술은 명백한 정답이 없으니 전수하기 쉽지 않다. 아무리 가르쳐도 본인 스스로 그 감각을 깊이 깨닫고 스스로 터득하기 전까지는 와 닿지 않는 일이다. 그래서 천부적인 자질이 필요한 부분이라고도 말한다.

어떤 직원은 협력체와 능동적으로 조율하고 관계자와 허물없이 지내면서 우리의 요구사항을 잘 관철하지만, 또 어떤 직원은 "상대를 대하기 어렵다"고 하며 상사에게 대화 내용을 그대로 전달해

주는 경우도 있다. 또 어떤 직원은 자기가 미리 조율하면서 외부에서 만나 친분을 쌓아간다. 또 애초에 다른 문제가 생기지 않도록 노력하고, 문제가 생긴다면 보고를 한 뒤 지시를 기다리기도 한다.

그렇다고 대인관계 기술에 수동적인 직원들의 행동을 일일이 지적하면서 이런저런 식으로 노력해야 한다고 말하기 어렵다. 기본적인 수준에서야 말해주지만, 이 부분에서만큼은 각자만의 방법이 있기 때문이다. 강요해서는 안 되는 부분도 있다.

인간적으로 다가가서 협력업체 직원과 유대를 맺는 방법도 있고, 정확한 원칙에 따라 일을 처리하면서 가능한 상대를 배려하는 방식으로 신뢰를 쌓는 방법도 있다. 그러니 함부로 그런 시시콜콜한 일까지 사장의 가치를 개입하여 조언하면, 자칫 역효과가 날 수 있다. 그렇기 때문에 나는 그저 묵묵히 살피는 편인데, '알아서 눈치껏' 잘 터득하는 직원과 그렇지 않은 직원이 있다는 것만 파악하고 뒤로 물러나 있을 때가 많다.

이것 또한 나만의 사장 맞춤형 대인관계 기술이다. 사장 지망생이라면 각자만의 사장용 대인관계 기술을 연구하고 터득해야 한다. 천부적으로 이를 갖춘 이도 분명 있지만, 노력해서 획득하지 못할 성질의 기술도 아니기 때문이다.

사장은 현실을 마주해야 한다

나에 대해 궁금한 사람, 그리고 사장이 되기를 꿈꾸고 있는 사람들이 이 책을 많이 읽을 거라 예상한다. 그런데 정작 사장 지망생들에게 중요한 질문을 던지지 않았던 것 같다.

"이 책을 읽고 있는 당신은 무엇으로 사업을 하려고 하고, 왜 사업을 하려고 하십니까?"

실제로 만난 사람에게 이렇게 물으면, 보통은 돈을 벌기 위해 사장이 되고 싶다고 대답한다. 덧붙여, 아직은 자본금을 마련하지 못했으나 기회가 닿는다면 사업을 해보겠다고 말하기도 한다. 틀린 답은 아니다. 사장이 되려는 이유 중 첫 번째는 돈을 버는 거라 할 수도 있다. 그리고 이것이야말로 기업이 있어야 할 첫 번째 이유다. 창업을 원하는 사람들은 되도록 거창한 목적은 뒤로하고, 일단 사업을 먼저 안정화하고 직원 월급을 제때 주는 회사를 만들어야 한다. 이 부분에서 돈이 가장 중요하지 않을 수 없다.

다시 한 번 생각해보자. 자신이 '무엇으로' 사업을 하고 싶은지 말이다. 사업에 뛰어들기 전에 필요한 세 가지를 간단하게 말해보자면, 아이디어가 있거나, 기술을 확보하고 있거나, 돈이 있어야 한다는 것이다.

요즘에는 참신한 아이디어로 승부하려는 경향이 있다. 또 회사는 '차별화'라는 단어에 목을 맨다. 그도 그럴 것이 어떤 분야에서든 유사한 경쟁 제품이 쌓여있기 때문이다. 자본주의 사회에서 독점적 지위를 구축한 경우는 그렇게 많지 않다. 대부분 적게는 수십 개에서 많게는 수만 개의 업체가 같은 시장에 뛰어들어 생존 경쟁을 한다. 그래서 '참신한 아이디어'와 '차별화'가 끊임없이 강조되는 것이다.

하지만 스스로 '아이디어'라고 말하는 것들이 소비자 전부를 설득할 수 있는 것은 아니다. 음식점만 봐도 기발하면서도 맛도 제법 괜찮은 메뉴가 많이 출시되지만, 대개 오래 가지 못하고 사라진다. 성공을 확신했다가 낭패를 보기 십상인데, 설사 성공하더라도 곧 경쟁업체가 생겨나고 차별화가 사라져 고전하는 경우도 생긴다.

대표적으로 서비스 분야를 생각해볼 수 있다. 소비자가 원하는 기발한 아이디어로 서비스를 제공하며 선풍적인 인기를 끄는 게 가능하지만 서비스만큼 모방이 쉬운 종목도 없다. 그래서 너나 할 것 없이 유사하거나 똑같은 서비스를 출시하여 경쟁에 뛰어들게 되니, 그다음부터는 오래 버틸 수 있는 '자금'이 있느냐가 관건이 된다.

한때 PC방은 영원히 대세로 남을 것 같았지만, 지금은 과거의 기세를 찾아보기 어렵다. 노래방은 또 어떤가. 사장을 꿈꾸는 사람이라면 자신의 아이디어를 냉철하게 점검할 줄 알아야 한다. 투자금으로 그 아이디어를 현실화할 수 있는지, 누구나 쉽게 흉내 낼 수 있는지, 혹은 그 아이디어가 소비자에게 과연 매력적인지 등 여러 각도로 검토해야 한다.

특정 기술을 가지고 있는 사람이나 작은 기업은 굶어 죽지 않는다는 말이 있다. 자신이 현재 전문 기술자라면 그것을 사업에 어떻게 적용할지 고민해봐야 한다. 예를 들어 자신에게 컴퓨터 수리 기술이 있다고 가정해보자. 만약 일반적인 컴퓨터 수리점을 열어서 충실히 일했을 때 과연 수지타산이 맞을지 계산해보는 것이다. 큰 욕심을 부리지 않는다면 작은 가게 사장으로 살 수 있다. 하지만 자본이 많이 들어가는 기계를 다루는 기술이 있거나 개발을 할 줄 안다면, 그것으로 사업을 하려면 작은 가게 수준으로 이어나가는 어려울 것이다. 이처럼 기술의 종류에 따라 사업의 규모가 달라질 수 있다. 또한 어느 정도 전문성을 갖췄는지도 중요하다. 누구나 따라 할 수 있는 기술이라면 사업을 시작하기 전에 더욱 심사숙고해야 한다.

마지막으로, 만약 가지고 있는 돈이 많다면 사업의 폭이 넓어질 수 있다. 사장이 되려면 자본금이 있어야 하는 것은 당연하고, 돈에서 시작해서 돈으로 끝나는 것이 사업이다. 사업의 내용은 아이디어와 기술, 상품과 브랜드, 기업 정신으로 채워져야 하지만, 기업 활동의 가장 중요한 연료는 돈이다. 돈이 있는 사람이라면 당장에라도 사업체를 열 수 있다. 그러나 아이디어나 기술이 없는데 혹하는 마음에 휩쓸리듯 시작하거나 남을 따라 하는 거라면 호된 결과를 맞을 수 있다.

경영이라는 분야에도 원칙이 있다. 실용적인 기술 또한 중요하지만, 그 기초가 제대로 서 있지 않다면 다른 기술들은 한낱 잔기술이 될지 모른다.

나는 양변기와 욕실 디자인과 연관된 기술 개발에 역점을 두었다. 그 결과 실제로 6리터 절수형 양변기를 개발해서 물 절약에 공헌했다. 또한 욕실의 패러다임을 '보여 주고 싶은 욕실 문화'로 전환시키는 작업을 계속하고 있다. 이처럼 새로운 패러다임의 선도는 단순히 아이디어와 기술로만 해결되는 게 아니다. '기술적인 아이디어를 문화로 연결시켜 소비자의 트렌드를 주도하는 것'이다. 이게 바로 한 차원 높은 사업의 노하우이자 자산이다.

나는 돈을 통해 돈을 낳는 경영 방식보다는 실물 경제를 통해 이익을 선호한다. 국가가 부강해지기 위해서는 실제로 쓰는 물건을 잘 생산해야 한다. 돈 장사를 해서 벌어들인 이자로 다른 나라에서 공산품을 사서 쓴다면 해외의존도가 높아지고, 우리나라만의 생산품은 사라지고 말 것이다. 규모가 큰 미국이나 중국에서 자원을 확보하고 모든 분야의 제조기술을 발전시키는 이유도 이런 데서 찾을 수 있다. 자국의 경쟁력을 넘어 타국의 생산시장까지 넘보게 되는 것이다. 현재 전 세계의 나라들이 자국의 농수산업 붕괴를 우려하는 것 또한 '실물'의 중요성을 깨닫게 한다.

사장 지망생이라면 처음 자금을 제대로 활용할 만한 아이디어나 기술부터 확보하는 것에 집중해야 하는 건 물론이고, 사업 발전에 발판이 될 만한 현실을 직시하고 깨달아야 한다. 그 시각을 통해 일을 확장해야 할 것이다.

양변기와 함께 춤추는 CEO

결국엔 재미있는 일을 찾아야 한다

자신의 여건에 맞으면서도, 즐길 수 있는 일을 선택하는 게 가장 좋다. 그래야 자연스럽게 열정을 쏟을 수 있고 일에 대해 계속 생각해도 질리지 않는다. 더불어 실력이 늘어나고 재미를 느끼게 될 것이다. 본인에게 맞는 분야를 찾았다면 그것이 무엇이든 간에 할 수 있는 한 모든 능력을 총동원해야 한다. 이게 바로 그 방면에서 성공하고, 최고가 되는 비법이다.

예를 들어 당신이 음식을 만드는 것에 관심이 많은 경우, 요리와는 완전히 다른 기술 집약적인 분야를 선택하기엔 어려움이 따를 것이다. 본인이 오로지 즐거워하는 일은 요리이기 때문이다. 대부분의 사람들은 재미있는 일에서 공을 세울 확률이 높다. 나중에는 그 일을 통해 행복까지 느낄 수 있을 것이다.

하지만 사실, 누구나 다 자신이 좋아하고 즐기는 일을 할 수는 없다. 오히려 그런 경우는 매우 드물다. 생계를 위해 당장 할 수 있는 일부터 하거나 나의 관심과는 달리 유망 직종으로 떠오르는 직업을 택하기도 한다. 그리고 결국엔 '노동은 역시 고된 일이다' 라고 생각하게 된다. 이럴 땐 일을 통한 즐거움을 절대 찾을 수 없게 된다. 스스로 즐기지 못하면, 창의성이 발휘되기도 쉽지 않다. 일하는 동안 즐겁지가 않으면 그만큼 한계가 생길 테지만, 그 반대의 상황이라면 어떨까. 어떤 일에 미칠 만큼 푹 빠져 버린다면 기가 막힌 아이디어로 세계를 뒤흔들지도 모른다.

그러니 사장이 되고 싶다면, 재미있는 일을 찾아라. 그러한 일을 찾아내는 것도 중요한 과제이다. 이미 찾았다면 사장이 될 수 있는 유리한 지점을 선점한 것이며, 뛰어난 경쟁력을 확보한 것이다.

사장은 즐거움 이면에 뒤따라오는 스트레스도 감내해야만 한다. 어떤 사장은 사업이 잘되지 않을 때, 직원들이 먹다 버린 커피믹스가 신경 쓰이고, 컴퓨터를 켜놓은 채 사무실을 나가는 직원이 얄밉게 보인다고 말했다. 하지만 이렇게 좁은 가슴으로 있다가는 될 일도 안 된다. 대개 그런 사장의 경우엔 월말이 오면 직원들에게 줄 월급 현금을 맞춰보다가 시름하게 된다. 어음만 받고 아직 현금화되지 못한 금액도 있을 테니 말이다.

█ **양변기와 함께 춤추는 CEO**

물론 이런저런 상황을 전부 유쾌하게 여길 수는 없겠지만, 유독 새가슴인 사장들이 있다. 이럴 경우 되도록 작은 사업을 해보길 권한다. 아니, 차라리 안정적으로 월급 받고 일하는 직장인이 알맞을 것이다. 사장은 각종 스트레스를 견디면서 어디서든 돌출될 수 있는 리스크에도 담대해져야 한다. 파트너의 압박 질문에 호쾌하게 웃어서 배포를 보일 줄 알고, 사업 상태가 건재하다는 걸 은근히 과시해야 할 때도 있다.

　그러므로 사장은 때때로 단순해지는 법도 알아야 한다. 복잡하게 생각하면 나약한 마음이 커지는 일들이 있다. 그런 것은 개의치 말고, 앞을 보고 달려야 할 때를 알아보길 바란다.

　나는 사업을 게임이라고 생각한다. 그것도 매우 즐거운 게임 말이다. 일을 그저 생존을 위한 것으로 여기면 매일 심장만 떨릴 것이다. 대부분 사업가가 자식에게 사업을 물려주고는 하는데, 단순히 회사를 물려주는 것이 아니라 담대한 마음가짐을 물려주는 거라 할 수 있다. 사업을 하면 인생이 얼마나 짜릿한지 알게 해주고 싶을 수도 있다. 이 느낌은 경험해보지 않고는 쉽게 알 수 없다. 평범한 일상이 마치 동네 수영장에서 수영하는 것이라면, 사장 자리에 있는 순간은 파도치는 바다에서 수영하는 느낌이다. 또한 바이킹이나 고속열차를 즐기는 기분까지 찾아오는 때도 잦다. 살면서 여러 가지 맛을 느끼는데, 싱거운 맛의 삶보다는 자극적인 맛의 삶이 좋다. 사장의 삶은 늘 살얼음판을 걷는 스릴의 맛이다. 그 스릴을 즐길수록 좋다.

또한 사장은 사람 만나는 걸 즐겨야 한다. 일거리를 찾거나 도모하기 위해 반드시 협력자를 만나야 하며, 당장 눈에 보이지 않더라도 잠재적인 인맥을 소홀히 해서는 안 된다. 언제 어디서 어떤 방식으로 도움을 받을지 알 수 없는 일이기에 모든 사람을 소중히 여겨야 하는 것이다. 사람을 만날 일이 저절로 생길 텐데, 이 만남을 일이라고 여기며 부담스러워 해서는 안 된다. 사회인으로서 당연히 해야 하고 사장으로서는 더더욱 그래야 한다. 사장이 시간이 남거나 사업에 무관심해서 골프를 치는 것이 아니다. 골프에 관심이 없어도 배워야만 하는 순간이 온다.

나는 탁구를 좋아한다. 평소에는 작은 테이블에서 작고 가벼운 공을 상대와 주고받으며 친목을 다진다. 골프를 치기 시작한 건 중국에 사업체를 만든 뒤인 2000년도 이후부터였는데, 유력인사들과 친분을 쌓기 위해 골프를 배웠다. 내가 승부욕이 워낙 강한 탓에 아침부터 홀로 묵묵히 그라운드를 돌기도 했다. 하지만 단순히 혼자서 골프를 즐기기 위해서 그랬던 것은 아니다. 작은 업체의 사장이라면 골방에 앉아서 자기 일을 구상할 수도 있겠지만 그것만으로는 충분하지 않다. 사업을 흥하게 하려면 누군가와 함께일수

양변기와 함께 춤추는 CEO

록 좋다. 대인 관계 기술이 '사업 시작의 반'이라고 할 수 있는 것이다.

고깃집 사장님처럼 개인 장사를 하는 사람이어도 모든 걸 혼자 하는 게 아니다. 질 좋은 고기를 재료로 쓰기 위해서는 좋은 고기를 공급하는 곳으로 찾아가 안면을 트고 물량을 받기 위해 노력해야 한다.

동네에 있는 작은 가게마다 물건이 다르게 들어가 있는 것도 바로 사장의 인맥이 반영된다. 각 분야의 영업사원들과 안면이 있는 사장은 물건을 싸게 들여오는 법을 안다. 사람과의 만남을 즐기지 않으면 곧 사장으로서의 능력이 낮다고 할 수 있다. 사람을 만나는 일을 싫어하는 사람이라면 사장 데뷔를 신중히 재검토해야 할 것이다.

사람에겐 각자에게 맞는 옷이 있다

사업의 종류를 검토하다 보면, 중견기업으로 성장하게 해줄 아이템을 발견할 수도 있고 또 어떤 사업은 발전 가능성이 무한대지만 자본이 많이 드는 아이템도 볼 수 있을 것이다. 사장 지망생 역시 한두 가지 사업만 살펴본 것이 아니라 소위 '핫' 한 사업 아이템들에 관심을 가져봤을 거다. 그리고 자신이 그 아이템을 가지고 사업을 했을 경우를 상상해보았을 것이다. 바로 이때, 두 가지 정도는 필수적으로 고려해보라고 말하고 싶다.

하나는 자신이 지닌 아이디어나 기술 혹은 인맥 등이 그 사업에 적합한지 고민해보고, 다른 하나는 그 사업의 크기와 자신의 크기가 맞는지를 확인해야 한다는 말이다. 예를 들어 기술 개발을 위해 큰돈이 들어가거나 뚜렷한 수익이 없어도 최소 몇 년 이상 계속 끌어나가야 하는 사업의 경우, 그러한 상황을 견딜 수 있는지 신중히 생각해야 한다.

나는 개인적으로 사람마다 자신의 '그릇'이 있다고 본다. 예전에는 '저 사람은 그릇이 작다'라고 말하면 그 사람이 크게 될 인물이 아니라는 의미로 받아들여졌다. 그러나 여기서의 그릇은 그런 의미가 아니다. 나는 그릇이 작다는 말을 '현실을 직시하고 자신에게 알맞은 크기의 일을 찾았다'는 뜻으로 표현하고 싶다. 만일 자신의 배포가 작으면 작은 대로, 억지로 큰돈을 끌어올 것 없이, 책임질 수 있는 범위 내의 일을 찾으면 된다. 불가능한 일에 대해 스트레스 받으며 일한다면 결국엔 망하게 되고, 그건 혼자만의 일로 끝나지 않는다.

사장은 결코 혼자의 몸이 아니라는 것을 명심해야 한다. 예를 들어 직원 30명의 소기업 대표는 한 직장인이 가족 3~4명을 부양한다고 가정할 때, 120명에서 150명의 생계를 책임진 셈이다. 기업주의 무리한 사업 확장으로 인해 회사가 어려워지면 100명 넘는 사람이 길거리에 나앉을 수도 있다. 과욕을 부린 대가는 직원들과 그 가족에게까지 심각한 피해로 돌아간다. '모 아니면 도'라는 마음가짐으로 엄청난 스트레스를 견디고 있는 첨단 벤처기업의 사장도 있을 것이다. 이를테면 수천, 수만 사원을 거느린 대기업과 서너 명의 직원이 있는 작은 사무실을 운영하는 스타일로 나누어 볼 수 있다. 하지만 사업가 스타일을 반드시 규모로만 따질 수 없다. 오히려 자기 그릇에 맞는 일을 꾸리면서 적은 직원이든 많은 직원이든 안정적인 환경을 구축해주는 사장이 옳은 것이다.

자신에게 가장 잘 어울리는 자리가 찾아내서 경쟁력을 확보할 때 실현 가능성이 커진다. 머물러야 할 때와 아닐 때를 알고, 자기 일을 완수해내려는 자세야말로 사장의 중요한 덕목이다.

나는 빚을 내서 사업을 키우지 않는다. 즉, 대박만을 꿈꾸며 모든 것을 거는 모험가는 아니라는 말이다. 무리하지 않고 기업을 성실하게 일구는 것이 내게 가장 알맞은 방법이다. 이렇게 내가 가진 그릇 크기에 순응해야 직원과 가족들이 고생하지 않는다고 생각했고, 그러한 경영 철학을 30년 동안 지켜왔다. 그래서 나 스스로 검증했던 방식에 대해서만 독자에게 권유할 것이다. 실제로 나는 후배들에게 "가급적 무리하지 말고 사업을 안정적으로 운영하라"고 말한다. 아직 사업체를 이끌어보지 못한 사장 지망생으로서는 자신의 그릇이 어느 정도인지 알지 못할 수 있다. 그렇다면 우선 '망하지 않고 사업을 안착시킨다는 기분'으로 사장의 세계에 입문하는 것이 좋다.

처음부터 과욕을 부리지 않아야 한다. 사업할 돈이 없다면 억지로 사업자금을 마련하지 말고, 직장 생활을 하면서 단계적으로 착실히 준비해야 한다. 몇 년 뒤에 어느 정도 준비가 되었을 무렵, 가지고 있는 자금 규모에 맞춰서 욕심내지 말고 사업을 시작해야 할 것이다.

큰 꿈은 꾸되, 현실을 외면해서는 안 된다. 주위 사람 모두가 힘들어질 수 있고, 무엇보다 사장 스스로가 큰 어려움을 겪을 수 있기 때문이다. 단단한 사장은 자신의 자리에서부터 시작하는 법이다. 내 자리에 온전히 집중하여 최고가 되었을 때, 문득 내가 성장했다는 걸 깨달을 것이다.

직원들 월급을 제때 주지 못한다면
사업을 접어라

사장이라면 제일 우선시해야 할 게 있다. 무엇보다 직원들에게 매달 약속한 날짜에 월급을 주고 공과금을 지급할 수 있어야 한다는 것이다. 이 생각은 곧 나의 자부심이기도 하다. 나는 월급을 중요시했기 때문에 지난 30년간 360번쯤 되는 월급을 하루도 미루지 않을 수 있었다.

혹자는 이를 두고 돈 벌기에 성공했기 때문에 가능한 일이고, 자랑삼아 얘기하는 것 아니냐는 말을 할 수도 있다. 하지만 선후관계가 잘못되었다. 이러한 의무의 이행은 '사장으로서 갖추어야 할 최소한의 기본자세'이다. 이를 지키지 못한다면 사장의 자격이 없는 것이다. 더 큰돈을 벌기 위해 이 의무를 이행하지 않고, 뒤로

미루는 것 또한 안 된다.

사장이라고 절대 직원 인생을 걸고 무리하지 말아야 한다. 물론 사업체에 위기가 찾아올 수는 있지만, 직원들 월급을 1년씩 미뤄가며 "조금만 참으면 모든 게 풀린다"고 지키기 어려운 약속을 하면 안 된다. 빠져나와야 할 때를 알고, 과감한 결단을 내리는 것도 사장의 능력이다.

더구나 사장은 자기 자신의 문제만 해결하면 되는 사람이 아니다. 사장에게는 언제나 함께하는 사원들이 있고, 협력체 관계자들이 있다. 사업이 어려워지는 낌새가 있으면 재빨리 수습해야 한다. 이상 징후를 늦게 알아차리면 통제 불능 사태로 휘말려 들어갈 것이다. 상황이 극에 달아 사업을 접어야 할지 결정해야 하는 상황이 온다면, 빨리 결정할수록 좋을 것이다. 나는 그 기준을 직원들 월급도 제때에 못 주는 시기로 정하고 있다. 그랬기에 여태껏 한 번도 월급 지급일을 어긴 적이 없다. 직원들도 각자의 생활이 있고, 가정이 있고, 자신의 삶을 위해 회사에서 일하고 있다는 걸 명심해야 한다. 그들의 삶을 저당 잡을 순 없다. 그것이야말로 사장으로서 내가 할 수 있는 최선이라고 생각한다. 사업을 철저히 파악하고 있는 사장이라면 위기 상황을 간파해낼 수 있을 테고 그들의 삶을 뒤흔드는 상황까지 가지 않을 것이다.

개인마다 성향이 달라, 위험을 감수하고서라도 성장을 위해 도박을 감행하는 경우도 있다. 만일 이 책을 읽고 있는 사장 지망생 중 그것이 당연하다고 여기는 사람이 있다면 지금 이 순간 생각을 고쳐주길 바란다. 누구에게나 삶은 녹록하지 않다. 누구나 사장처럼 생각하는 것도 아니다. 도박을 싫어하기 때문에 다니던 직장을 그만두고, 안정적인 곳을 찾는 사람들이 생겨난다. 직원들에게 월급을 제때에 주는 것만큼 중요한 일은 없다. 이 중요한 일을 어기지 말아야 할 것이다.

아무리 노력한다 해도 어려운 순간은 오고야 만다. 사장으로 일할 때, 무엇을 어떻게 해야 할지 혼란스러운 순간이 오면 아래 세 가지의 기본 사항을 떠올려 보라.

첫째, 여러 사업 아이템에 투자금을 분산하지 말고 오로지 잘하는 것 하나를 선택하고 집중해라.

둘째, 거품에 현혹되지 말아야 한다.

셋째, 자신감에 도취돼선 안 된다.

어렵게 생각할 필요 없다. 작은 기업은 공략 지점을 단순화하고, 기동력을 강화하면 된다. 잘하는 것 하나에 신경과 실력을 쏟아부어서 승부를 걸 수밖에 없다. 즉, 하나에서 최고가 되어야 한다는 말이다. 그것만이 살길이다. 이것을 실현하면 갑의 관계에 있는 상대에게 당당히 선금을 요구할 수도 있다. 대체 불가한 실력을 증

양변기와 함께 춤추는 CEO

명했다면 협상에서 밀릴 이유가 없다.

작은 기업이 발전하는 방향에는 두 가지가 있는데, 안정적으로 자금을 회수할 수 있는 여러 분야에 투자해서 산업 전체에 영향력을 끼치는 대기업 방식이 있고, 다른 하나는 강소기업으로서 오로지 선택과 집중으로 철저하게 전문화된 방식으로 우뚝 서는 기업 방식이 있다. 두 방향에는 여러 특징이 있겠지만, 대한민국의 건강한 경제 체질을 위해서는 강소기업 문화가 확산되는 것이 좋다고 본다.

기업이 성장하여 여러 곳에 투자할 여력이 생기면 과거에는 대개 부동산 투기를 했다. 이는 안정적으로 자금을 보존하고 차익을 노리는 방법인데, 건설적인 경제 활동이라고 보기는 어렵다. 안정적으로 돈을 벌 수 있다고 하면 대기업뿐 아니라 여러 중소 투자자들도 솔깃하기 마련이다. 그것이 자본의 법칙이다. 돈을 넣어서 그보다 많은 돈을 얻을 수 있다면 그것을 안 할 이유가 없어 보인다. 하지만 이때 잘 생각해야 한다. 과연 어떤 것이 장기적으로 회사에 도움이 되는지를 말이다. '부화뇌동'을 조심해야 한다. 우레 소리에 맞춰 함께 한다는 뜻으로, 뚜렷한 소신 없이 그저 남이 하는 대로 따라가는 것을 의미한다. 이렇게 남들이 가는 방향으로 가다가 내 계획이 흐트러져서는 안 된다. 사장 개인의 계획이 무너짐으로써 직원들에게 엄청난 손실이 미칠 수도 있다는 것을 명심해야 한다.

보통 작은 기업이라면 세워둔 계획에 따라 분야를 선택했을 것이다. 안정적인 입지를 얻기 위해 그 분야에 자금을 쏟았어도 만만치 않을 상황일 수 있다. 이럴 때 유행에 흔들리면 안 된다. 그 특수를 놓치면 안 될 것 같은 느낌에 계획을 급하게 변경하면 기업의 방향이 흔들려 위기를 맞을 수 있다. 초심을 잃지 말고 한길로 우직하게 가는 것이 회사가 장기적으로 안정될 수 있는 확률을 높이게 될 것이다.

거품처럼 끓어 오르는 유행은 순식간에 사라지기도 한다. 그것에 힘을 분산했다가는 진짜 해야 할 자기 전문 직무를 소홀히 하게 될 수 있다. 그러는 사이 회사는 정체성이 모호해지고 경쟁력은 약화된다.

자신이 '뜨는 사장'으로 주목받게 되면 우쭐해질 수 있다. 다른 회사들과 사장들과는 달리 내가 하면 건드리는 것마다 성공 가도를 달릴 것 같은 기분에 휩싸이는 것. 하지만 그렇지 않은 경우가 훨씬 많다. 여러 분야에 분산하여 자회사를 세우고 대기업 흉내를 냈다가는 오히려 그동안 쌓아온 브랜드 이미지가 불명확해진다. 선택과 집중으로, 이미 갖춰놓은 경쟁력의 기반을 다져야 한다.

그러니 단순하게 생각하자. 하나만 잘해도 뜬다. 하나만 제대로 하면 모두에게 이익이 된다. 여러 가지 일에 기웃거리면서 투자차

▌양변기와 함께 춤추는 CEO

익을 노리고, 자신이 모든 일을 다 잘할 수 있을 것이라 착각하기도 하지만, 인력과 자금에는 한계가 있다. 특히 작은 기업은 대기업과 태생적으로 다르기 때문에, 무엇보다 실패를 아껴야 한다. 단 한 번의 실패로 작은 기업은 위태로울 수 있다. 불필요한 실패는 피해야만 한다.

요즘 같은 불황의 시대에는 위기 요인이 첩첩산중으로 쌓여 있다. 높은 파도를 하나 넘으면 더 큰 파도가 다가올 수 있다. 자신감을 갖고 그동안 했던 대로 침착하게 대처하면 될 일이지만, 방심한다면 심각한 타격을 입을 것이다. 작지만 강한 기업이 되기 위해서는 언제나 명심해야 할 기본이 있다. 앞서 말한 그 기본이 흔들리지 않는다면, 회사의 건설적인 미래를 기대해도 좋을 것이다. 눈앞에 펼쳐진 무수한 과제는 기본을 토대로 해결해 나가면 된다.

그 중심으로 회사를 경영한다면, 직원들의 월급 걱정은 없는 기업으로 탄탄하게 자리 잡을 것이다.

세금 내는 즐거움

법인은 5년에 한 번씩 국세청으로부터 정기 감사를 받는다. 우리 회사는 특별한 하자도 없고 세금체납이 없어서인지 12년 만에 세무 조사를 받은 적이 있다. 세무서 직원들이 내사해, 이것저 것 묻고 챙기는 중에 내가 웃으며 한마디 했다.

"제가 30여 년이라는 시간 동안 사업하면서 낸 세금이 정말 많습니다. 부가세, 소득세, 관세, 법인세, 취득세, 양도소득세, 재산세 등 고지서가 나오는 대로 성실히 냈습니다. 일반 샐러리맨들이나 소규모 자영업자들은 세무조사를 받고 싶어도 기회가 드물겠죠? 이렇게 사업을 하면서 세무조사팀을 만날 수 있다는 건 영광

▐ **양변기와 함께 춤추는 CEO**

이나 다름없네요. 제가 평직원으로 살아왔다면 월급의 갑근세를 냈겠지만, 사업을 하면서 낸 세금은 수천 명 봉급자의 세금이니 고용창출과 더불어 애국을 한 게 아닌지요."

세무서 직원들은 나 같은 사람 처음 본다며 웃었다. 나는 농담에 기대어 내가 당당하게 사업 운영을 했다는 걸 슬그머니 드러내고 싶었다. 사람들은 털어서 먼지 안 나오는 사람이 어디 있겠냐고 반문하기도 한다. 작정해서 탁탁 털어냈을 때 약간의 먼지 한 톨은 나올 수도 있다. 그렇다면야 어쩔 수 없지만, 내 기억 속 나는 단 한 번도 세금을 덜 내기 위해 연구한 적이 없었다. 착실하게 낸 세금이 있으니, 당당할 수밖에 없었다.

사업을 하다 보면 이리저리 안 좋은 일에도 휘말리게 된다. 이런 외부적인 일은 나 혼자 스스로 막기에는 힘들다. 하지만 내가 스스로 당당할 수 있는 일들은 여러 가지가 있다. 세금을 합법적으로 내는 건, 그 중 한 가지의 일이다.

해야 할 일이 태산인데 찜찜한 '거리'가 있다면 할 일을 못하니 손해가 이만저만이 아니다. 사업하기 전부터 최소한 세금에 대해서는 알고 시작해야 한다. 세금을 생각하지 않고 사업을 운영한다면 제일 답답한 일로 되돌아 올 것이다.

매출에 대한 세금, 직원들 급여에 대한 세금, 무역업을 했다면 그 물건에 대해 부가되는 세금 등. 세금의 종류는 꽤 많다. 슬쩍,

몰래, 아무렇지도 않게 세금을 무시하다가는 발등에 불 떨어지는 일이 생기고 만다. 어차피 내야만 하는 세금이라면, 똑똑하게 알고 올바르게 내면 된다.

세무조사를 받는 일이 청천벽력 같은 재앙이라고 생각하는 경우는 시작부터 실패한 것이다. 창업 때부터 사업의 순서를 정확히 알고 시작해야 한다. 제품을 만들든 유통을 하든 서비스 형태로 수익을 내든, 모든 일은 '한 나라' 위에서 시작한다. 한 나라 위에서 기업 운영, 즉 경제 활동을 한다면 세금은 당연한 일이다.

세금을 건너뛰고 사업을 한다는 말은 한쪽 기둥 없이 건물을 올리는 일과 같다. 기둥은 똑같이 세워져 있어야 한다. 그래야 건물이 계속 오를 수 있다. 세금이라는 한쪽 기둥 때문에 그 위를 지탱하는 건물이 우르르 무너진다면 얼마나 아까운 일이 될지 생각해야 한다. 세금이 아깝다 생각하고 탈세를 하게 되면 상황은 더욱 심각해진다. 돈을 적게 벌어 세금을 적게 내지 말고, 돈을 많이 벌어 세금도 많이 낼 생각을 하면서 시작하는 게 좋지 않을까.

선진국에 근접해있는 우리나라의 현재는 그동안 세금을 내준 사람들 덕분이다. 그만큼 세금을 통해 국가 환경이 풍요로워졌다. 우리가 낸 세금의 혜택은 바로 우리 전체가 받게 된다. 가장 기초적이고 중심이 되어야 하는 사업자의 마음가짐이다.

나는 매월 직원 월급을 제일 먼저 챙겨둔다고 했는데, 직원 중에는 생산직이 있고 판매직이 있어서 각자에게 상응하는 월급이 있다. 그리고 내 직원 중에 '세금직'도 있다고 생각하면서 월급을 준비한다. 월급 먼저 생각하는 것처럼 세금도 제일 먼저 생각하면 속 편한 일이 된다.

 사업을 한다는 것, 소규모로 창업을 한다는 것에서는 크든 작든 애로사항이 발생한다. 시장 경기 침체, 천재지변들까지 악재는 참 많기도 하다. 이런 일들이 나에게만 있다면 억울하고 원통하겠지만 사람 사는 세상 다 똑같다. 나도 힘들고 상대도 힘들다. 남들이 힘들면 나와 내 가족도 힘든 건 뻔한 이치다. 같은 이유가 아닐지라도 누구나 힘든 일은 마음에 품고 있다.
 창업을 계획하거나 이미 사업을 시작한 사업자 대표들도 내 생각과 똑같은 생각을 하고 있지 않을까 싶다. 힘든 일이 많지만, 그래도 앞으로 조금씩 나아가고 있다는 생각을 하면 된다. 아무튼 망하지는 않았고, 망했다 해도 다시 시작할 기회는 있다.
 이런 생각까지 하다보면 세금을 내는 것, 세금을 낼 수 있는 것, 정기 세무조사를 받는 것, 세금을 많이 내는 것 또한 인생을 살면서 마주할 수 있는 엄청난 행운이라는 생각이 든다.

내실을 다져라

'**감**당할 수 있을 만큼만 한다.'

이것이 나의 방식이다. 직원들에게 월급을 제때 줄 수 있고 내 능력 범위 안에서 건강한 회사를 유지하는 것이 무엇보다 중요하다고 생각한다. 어떤 경우에도 흔들리지 않으려면 내실을 다져야한다. 나는 이를 위해 은행에서 돈은 빌려 쓰지 말자는 다짐부터했다. 또한 가족이나 친구들에게 차용과 보증을 서달라는 부탁을해야만 한다면 아예 처음부터 사업을 시작하지 말아야 한다. 무리한 투자는 자기나 회사에도 독이 될 뿐만 아니라 모두에게 민폐다. 감당할 수도 없으면서 무작정 벌려놓으면 그 뒷수습은 누가 할 것인가? 누구나 쉽게 생각할 수 있지만 사업자금은 결코 쉽게 생각해서는 안 된다.

혹자는 이러한 태도가 수세적인 것 아닌가 의심하기도 하고, 사장이라면 적극적으로 모험할 수 있는 자세도 필요한 것 아닌가 반문하기도 할 것이다. 또한 누군가는 '사업이 잘 안 될지라도 자금이 필요한 법이고, 잘 되어도 자금이 항상 모자란다'고 말한다. 하지만 사장이 되려면 남에게 의지하려는 마음이 1%라도 있으면 안 된다. 더 벌어보겠다는 욕심보다 '지금 가진 것을 지키며 간다'고 생각해야 한다. 자기 숙제는 혼자서 풀어야 하는 것, 그것이 사장이 갖춰야 할 기본자세다.

농담 아닌 농담으로, 은행은 우리에게 희망의 '빛'이 아니라 어둠의 '빚'을 파는 곳이라는 말이 있다. 또 중소기업 사장들 사이에서는 "은행은 맑을 때 우산을 빌려주고 비 올 때 우산을 뺏는다"는 우스갯소리도 한다. 그러니 대출을 받아 무모하게 투자하려는 시도에 극히 반대한다. 애초에 돈을 빌려야 할 상황을 만들면 안 되지만, 꼭 빌려야 할 경우가 생긴다면 그것을 어떻게 갚아나갈 것인지 부터 생각해야 한다.

최악이라고 할 수 있는 경우도 염두에 두고 계획을 세워야 한다. 목숨 걸고 도박해야 할 상황이라면 빨리 직원들에게 위로금을 주고, 자신도 사장직을 내려놓겠다는 계획이라도 짜둬야 한다는 것이다. 하지만 처음부터 기본이 탄탄한 기업이었다면 극한에 몰리는 상황은 생기지 않을 것이다. 좋은 기업은 태생적으로 매우 꼼꼼하다. 그래야만 살아남을 수 있다. 자기 능력을 냉철하게 평가하며 부풀려진 허세를 없애야 한다.

'흑자부도' 라는 말이 있다. 흑자였음에도 현금이 돌지 않아서 부도 처리되는 억울한 상황을 일컫는데, 좋은 기업이라면 이런 황당한 일이 발생하지 않는다. 기업 활동이 신용 장사일지라도, 책임질 수 있는 범위 내에서 행동해야 함을 다시 명심하길 바란다. 실속을 챙기고, 오래된 거래처라도 점검이 필요하다. 겉으로는 계산적인 면을 보이지 않으면서, 따질 것은 따져야 하는 것이다. 세부적이거나 일반적인 것일수록 느슨하게 넘겨선 안 된다. 그 하나하나가 쌓여서 기업의 전통이 되고 체질이 된다. 직원들이 꼼꼼한 습관을 지닐 수 있도록 기업 문화를 만들어나가야 한다.

이를 위해 자기 회사에 맞는 맞춤형 체제가 필요하다. 어떤 학자는 "도덕군자 같은 방식의 가치를 회사에 적용해야 한다"며 경영자가 〈논어〉를 필독해야 한다고 말했다. 또 어떤 일본 사업가는 "작은 기업은 독재가 맞다"고 하며 직원들의 말을 듣기보다 사장이 알아서 결정하고 사장이 책임지라고 말했다. 양쪽 다 그럴듯한 멋진 말이다.

하지만 모든 경우에 맞는 원칙이란 없다. 그럼에도 공통적인 노하우는 있을 것이다. 예를 들어, 사장은 끈끈한 유대로 직원들을 성심껏 대하고, 협력체와 신뢰를 쌓기 위해 반드시 상도덕을 잘 준수해야 한다. 오로지 이익만을 좇는 약삭빠른 행보로는 장기적으로 자기 손실을 자초하게 된다. 얄팍한 장사꾼이 되어서는 안 된다. 때로는 사장 홀로 책임질 것을 각오하고 모두의 어깨에 있는 짐을 사장이 짊어진 채 "전군 앞으로!"을 외칠 수 있어야 한다. 작은 기업이 적은 자본과 몇 가지 강점으로 시장에서 살아남아 있으려면 전부 일사불란하게 움직여야 하는 것이다. 이 경우에는 독재적 카리스마를 지닌 사장의 힘이 필수적이다.

나는 이 두 가지에 모두 공감하며 나만의 방식을 세웠고, 지금도 유지하고 있다. '진정한 리더'라면 모름지기 귀를 열어두고 있어야 한다. 직원들의 능력을 존중하고, 모두의 의견을 종합하여 결정을 내리기 전까지 심사숙고의 시간을 갖는다. 이건 실수를 줄이기 위한 최선의 과정이다. 또한 사장이 주도적으로 결정을 내리고 전적으로 사장이 책임져야 한다. 직원들은 책임을 지는 것을 부담스러워한다. 그들에게 권한을 줄 수는 있어도, 책임으로 족쇄를 채우게 되면 제대로 된 성과가 나오지 않는다. 이건 내 경험에서 나오는 말이다.

작은 기업은 1인 기업과 유사한 면이 있다. 사장의 독자적인 그림을 유지하면서 미래를 위한 방법을 적용해나갈 수 있다. 중기업이나 대기업만 되어도 여러 이해관계가 복잡하게 얽혀서 대주주부터 소주주, 거기에 국가와 은행 그리고 국민까지 각종 의견을 제시하게 되어 자칫 배가 산으로 갈 수 있다. 최고 결정권자 혼자서 기업의 운명을 좌지우지하는 구조가 비판받기도 하지만, 작은 기업은 다르다. 대개 몸집이 작아서 경제 재난에 취약한 편이라, 발 빠른 피신이나 적극적인 대처가 생존의 필수 요건이다. 이 맥락에서 의견 결정 구조가 복잡한 건 치명적인 문제가 될 수 있다. 이 사람 저 사람의 의견을 다 듣고 결정도 함께 내리고 나면 어느새 책임질 사람이 없어지고 내분이 생긴다. 골든타임을 놓친 작은 기업은 시장에서 사망할 가능성이 높다. 다시 말하지만, 생존경쟁이라는 것을 명심하고 일사불란해야 한다.

사장 혼자 다 짊어지되, 사장이 원하는 일을 해라. 다른 이의 의견은 참고만 하길 바란다. 의사결정 과정에서 군더더기를 줄이고, 그들이 불만 없이 따라올 수 있도록 배려하는 것도 잊어서는 안 된다. 근육질 기업이 되어 '시장'이라는 링 위에서 일단 살아남아라. 그러면 다음 단계를 발견할 수 있을 것이다.

양변기와 함께 춤추는 CEO

돈의 힘에 눌리지 말고
돈을 지배하라

기업의 목표는 간단하다. '돈'을 벌어야 한다는 것이다. 기업이 돈을 벌지 못한다면 기업으로서 존재가치가 없는 것과 마찬가지다. 미래를 위한 목표도, 결국에는 돈을 번 뒤에야 실현할 수 있다. 여기서 한 가지 명심해야 할 것이 있다. 돈을 추구하되, 돈을 쫓지 않아야 하는 것이다. 그저 돈만 보게 되면 부도덕한 유혹에 빠지기 쉬워진다. '돈만 벌면 된다'는 얄팍한 생각에 회사의 미래를 불투명하게 만들 수 있게 된다.

나는 부모님을 잘 만나서 경제적으로 어려웠던 기억은 없다. 돈의 문제를 떠나, 나 자신의 가치를 올리는 것에 욕심이 많았다. 그런 생각으로 생활하다 보니 직장을 다닐 때도 '회사가 돈을 벌면 그 돈은 사장님 것이지만 그 돈 말고 나머지는 내 것'이라고 생각했다. 일을 통해 얻는 돈 이외의 가치를 중요시한 것이다.

나는 기업적 이득이 아닌 개인적 이득에서 거리를 두고 일했기 때문에 지금까지 무탈하게 사업을 이끌어 올 수 있었다. 남들은 이런 내 말을 거짓말이라고 했다. 말만 그렇지, 실제로는 내가 돈을 벌려고 열심히 해서라고 말한다. 물론 내가 일해서 돈을 벌었으니 그 말도 부정하기는 어렵다. 하지만 밑바탕에 숨어 있는 규칙만 잊지 말라고 하고 싶다. '돈을 추구 하되 돈을 쫓지는 말자' 그래야 회사가 뚝심 있는 기업 철학 위에 바로 설 수 있다. 정당하게 벌어들인 돈은 '땀'의 또 다른 이름이다.

작은 기업에는 언제든지 위기가 닥칠 수 있기 때문에 무리한 확장보다는 안정적인 경영을 하는 게 옳다. 그렇다고 마냥 가지고 있는 것만으로 장사하려다가는 새롭게 변화하는 시장에 적응하지 못하고 역풍을 맞을 수 있다. 내실을 다지기 위해서는 여러 가지를 꼼꼼히 따져보고 실속 있는 투자를 해야 한다. 동시에 물러서야 할 때의 기준을 분명히 정하고, 결정되었으면 망설이면 안 된다. '혹시 가능성이 있지 않을까, 그동안 투자한 금액이 있는데'라고 생각해서 지연하는 순간, 손해는 눈더미처럼 불어나고 그 손해는 작은 회사에 치명적인 타격을 줄 수도 있다. 이러한 결정을 신속하게

양변기와 함께 춤추는 CEO

하려면 회사가 감당할 수 있는 수준의 투자비용이 책정되어야 한다. 투자에 따른 약간의 손실을 각오하고 있으면 자연스럽게 투자할 범위가 정해질 것이다.

작은 기업은 항상 커지는 것도 아니고, 항상 그대로인 것도 아니다. 지금보다도 몸집을 줄일 수도 있고 크게 만들 수도 있다. 매뉴얼을 갖춰두고, 이상 징후가 나타났을 때 제 기능을 해내면 그 기업은 망하지 않는다. 믿을 만한 외주업체를 물색해서 상생 발전할 수 있는 방안도 마련해놔야 한다. 모든 것을 혼자 다 하려고 하지 않길 바란다. 그러다가 모든 것을 제대로 해내지 못하고 결국 크나큰 손실을 지속적으로 떠안아야 할 수도 있다.

우리 회사가 꾸준히 성장할 수 있었던 것도 협력 상생의 미덕 덕분이었다. 일류 사장은 확장을 과감하게 하다가도, 달콤해 보이는 성공에도 깊은 늪이 있다는 걸 알고 완급 조절을 해야 한다.

'성공을 포기하는 것' 역시 매우 중요한 사장의 기술이다. 특히 '팔리는 제품'을 포기하기는 결코 쉽지 않은 데, 출판과 같은 위탁 장사의 경우에는 잘 팔릴 때를 조심해야 한다. 갑자기 불티나게 책이 팔리다 보니 재고를 확보해두기 위해 더 찍게 되고, 이것을 서점에 뿌리는 순간 느닷없이 책이 전혀 안 팔릴 수 있다. 결국 책은 모조리 반품되어 돌아오게 된다. 큰 이익이 날 것으로 예상했는데, 결산해보면 손해로 돌아올 때도 많은 것이다. 그렇기에 성공하는 순간에도 사장은 미묘한 변화를 예의주시하면서 '공격적으로 나아가기'와 '멈추고 과감히 물러서기'의 때를 잘 파악해야만 한다.

또한 '정직하게, 되도록 현금으로' 벌어야 한다는 점을 강조하고 싶다. 너무 직접적인 말로 들릴 수도 있으나 그래야 재무 구조가 건전해진다. 흑자부도의 경우, 돈을 벌었지만 실제로 돈을 받아야 할 곳에서 제대로 못 받았거나 회사의 자산을 탄력적으로 현금화하지 못하는 경우에 발생한다. 현금 유동성을 확보하지 못한 것이 그 원인이다.

많은 기업이 흑자 수치만큼이나 현금 유동성을 확인한다. 어음만 잔뜩 도는 구조에서는 항상 흑자도산의 위험이 도사린다. 그러니 현금을 확보하기 위해 최선의 노력을 기울여야 한다. 보유현금이 많으면 적대적 인수합병의 타깃이 된다고 하지만, 작은 기업이라면 우선 생존의 위협에서 벗어나 안정을 유지하는 게 중요한 것이다.

회사의 제1의 덕목이 신용이라고 하지만 결국 눈에 보이는 최고의 항목은 현금의 숫자다. 어음과 달리, 손에 쥐고 있는 현금이야말로 진짜 자산이다. 주식도 현실화하기 전에는 그저 평가액에 불과하다. 결국 주식을 팔고 나서 손에 쥔 현금이 진짜 재산이 되는 셈이다. 그러므로 내일을 예측하기 어려운 기업 환경에서는 현금에 집착해야 한다. 현금을 충분히 확보한다는 건 내 목숨 줄을 챙기는 것과 같다.

다행히도 우리 회사의 경우 기술이 필요한 사업을 하다 보니, 하나의 원칙을 지켜올 수 있었다. 그건 바로 선입금 확인 뒤 작업을 시작한다는 것이다. 그 덕분에 회사의 자금 사정이 나쁜 경우가 없었다. 하지만 경쟁이 심하고 특별히 기술적 우위가 없는 회사라면, 선금을 받아내기 쉽지 않다. 거대 유통기업에서 어음을 무차별적으로 발행하면 울며 겨자 먹기로 끌어안는 경우도 많다. 그렇게 되면 매출은 나오지만, 정작 사장은 매달 직원들 월급을 위한 현금을 확보하러 금융기관을 찾아다녀야 한다.

나는 사장이 되기 전에 이런 점을 고려하고, 종목을 택했다. 애초에 그런 문제가 생기지 않게끔 고민했던 셈이다. 또한 기술에 대한 자부심이 있었기에 갑의 위치에 있는 업체에 선금을 요구할 수 있었다.

여기서 두 가지를 말해주고자 한다.

첫째로, 시장마다 환경이 다르기에 되도록 분야별로 개성적인 리스크를 파악해둘 필요가 있다. 특히 갑의 횡포가 심한 분야는 웬만큼 자신할 만한 무기가 없다면 함부로 뛰어들지 않는 것이 좋다. 되도록 틈새를 찾아야 할 것이다. 그것이야말로 작은 기업의 숙명적 과제다.

둘째, 자체적인 경쟁력을 갖추어 갑에게 요구할 것은 분명하게 요구할 수 있어야 한다. '일단 일을 따내고 보자'는 적극적 자세도 좋지만 자칫하면 남 좋은 일만 시킬 수 있다. 심한 경우 별 수익도 없이 갑에게 끌려다니는 경우도 생긴다. 그런 관계는 서로에게 득이 될 것이 없다. 일을 따내기 위해 가격을 무리하게 낮추면 결국 질 낮은 재료로 만든 제품을 공급하게 될 것이다. 그 결과 갑 역시 함께 피해를 보기 마련이다.

그러므로 진정으로 상생하는 균형을 맞추려면 서로에게 합리적인 접점을 찾아가야 한다. 객관적으로 자부심을 가질 만한 경쟁력을 미리 확보해두는 것도 좋을 것이다.

양변기와 함께 춤추는 CEO

회사의 업무 흐름을 파악하라

사장이 되어서 회사를 망하지 않게 하려면 우선 제품의 품질에 온 힘을 쏟아야 한다. 그런데 그것만으로는 회사가 운영되지 않는다. 품질이 가장 중요하지만, 품질만큼이나 경영도 중요하고, 제품을 팔기 위한 노력도 중요하다. 결국 어느 것 하나 중요하지 않은 게 없다. 특히 작은 기업 사장이라면 슈퍼맨이 되어야 한다. 더불어 회사 살림과 직원들의 고민까지 신경 쓴다면 더없이 좋을 것이다.

중기업, 그리고 대기업으로 성장해버리면 직원들과 그들의 직무에 관해 속속들이 아는 게 불가능에 가깝다. 알고 싶어도 속속들이 알기란 불가능하다. 하지만 작은 기업에서는 사장이 살림꾼의 몫까지 하는 할 수도 있다는 걸 고려해야 한다. 직원들을 식구처럼 대하며 함께해야만 끈끈한 유대 관계를 유지할 수 있기 때문이다. 대기업만큼 보수를 줄 수 없다면 그 이상의 다른 무언가를 공유해야 하는 셈이다.

사장은 직원들과 정서적 교감을 잘하는 동시에, 전체 업무의 흐름을 장악하고 있어야 한다. 이를 위해 회사 구조상 어떤 부서와 어떤 업무가 적합할지 설계도를 짜보라고 권하고 싶다. 대개 벤치마킹할 대상이 있으니 기본적인 윤곽은 쉽게 짜일 것이다. 하지만 회사 맞춤 업무 흐름도를 그리고 싶다면, 직접 경험을 해서 환경을 갖추어야 한다.

먼저 일의 우선순위를 정하자. 그리고 큰일부터 시작해서 작은 일로 좁혀나가야 한다. 단기적인 실천사항부터 중기적인 목표, 그리고 장기적인 비전까지 체계적인 그림을 그리는 것이다. 또한 지속적인 시뮬레이션도 필요하다. 세세한 업무라면 어떤 식으로 돌아가는지 마치 영화로 보듯 상상해보자. 바로 이때 예전에 겪었던 경험이 빛을 발한다. 인수인계를 빠르고 체계적으로 하기 위한 방법을 수립해도 좋다. 또한 직원 수를 고려한 업무 매뉴얼을 짜야 할 것이다. 직원마다 어떤 방식으로 업무를 주어야 최적의 성과를 낼 수 있는지 고민해야 한다. 이때 당연히 직원의 성향을 파악하고 있어야 한다.

양변기와 함께 춤추는 CEO

그 회사의 업무에 맞는 외주의 가능성도 검토할 수 있다. 이 경우, 외주 업체나 프리랜서를 확보할 안정적인 방안도 마련해야 한다. 직원의 숫자가 적은 작은 기업에서는 대표 메일을 쓰면서 모두가 업무 흐름을 파악하는 것도 효율적이다. 또한 회의도 업무 흐름을 파악하기 위해 많이 하는 편인데, 이는 회사에 따라 조금 다르다. 주로 역동적이고 참신한 아이디어가 중요한 회사에서는 회의가 중요하고, 각자 배정된 잔업무가 많은 회사에서 회의가 많으면 오히려 일이 잘 돌아가지 않을 수 있다. 그러니 회사와 직무 상황에 맞게 회의 빈도를 조절하면 되는데, 어떤 방식을 취하든 서로의 업무 공유가 활발해야 한다. 또한 마감 일시를 정해주면서 중간중간 점검해주는 것이 중요하다. 마감일까지 해놓은 과제가 엉망이라면 그만큼 시간을 손해 보기 때문이다. 그러니 상사가 반드시 도와주고, 직원의 역량을 키울 수 있는 업무 관계의 정립도 필요하다.

작은 기업에서도 부서 간 혹은 동료 간에 파워 게임이 있을 수 있다. 건설적인 경쟁을 유도할 수 있겠지만, 비생산적인 알력이 생길 수 있으니 사장은 이런 관계를 유심히 살펴야 한다. 쓸데없는 견제로 상대와 업무 공유를 하지 않는다든가 직원을 일명 '뺑뺑이' 돌리는 좋지 않은 관습은 제거해나가야 할 것이다.

또한 사장은 직원들과 공존하기 위해 그들의 고충을 먼저 알아야 한다. 이는 깊이 관심을 두지 않으면 놓치기 쉬운 부분인데, 드러내놓고 말하진 않더라도 그것을 파악하고는 있어야 한다. 그러면서 모든 면에서 합리적인 체계를 다듬어가야 할 것이다.

물론 언제나 완벽하다는 건 불가능에 가깝다. 그럼에도 탄력적으로 움직여 변화에 능동적으로 대처해야 하는 것이다. 조직의 암이나 비계 같은 요소를 수시로 없애주면서, 근육질이 될 수 있도록 노력해야 한다. 작은 기업 사장은 때로는 독재자처럼 강력한 리더십을 발휘하고, 때로는 직원의 역량을 키워주기 위해 권한을 주고 지켜봐야 할 것이다. 그 적절한 시기를 알고 지시할 수 있는 것이 사장의 역량이다.

양변기와 함께 춤추는 CEO

영업을 디자인하라

작은 기업은 시장 개발, 제품 개발, 위기관리 등에 능해야 하지만 영업 역시 소홀히 할 수 없다. 물론 요즘에는 예전보다 영업이 중요하지는 않다. 미래가 밝은 회사는 영업을 하지 않는다. 또한 최근엔 영업 자체가 필요 없을 정도로 물건 자체를 고객 요구에 맞게 잘 연구해서 생산하는 추세다. 하지만 영업을 아예 하지 않아도 된다는 뜻은 아니다. 더 중시해야 하는 것이 있을 뿐, 영업은 주의 깊게 관리해야 할 부분이다.

특히 일반 잡화류를 취급하게 되면 다른 제품들과 큰 차별성을 두기 어려우므로 영업이 더 필요하다. 물건이 알아서 잘 팔린다면 좋지만, 그렇지 않을 경우 물건을 들고 나가서라도 팔아야 하는 것은 당연하다. 우리 회사의 경우, 고객에게 직접 팔기보다는 협력 업체와 거래하는 경우가 많다. 그런데 최근엔 경쟁업체들의 수준이 급속히 올라와서 영업사원들이 가격 압박을 느낄 때가 있다. 비슷한 제품인데, 경쟁업체보다 비싸다면 당연히 경쟁력이 떨어질 수밖에 없다. 그럼에도 나는 영업사원들에게 더 멀리 보라고 하며 다음 사항을 명심하게 한다.

　첫째, 가격을 낮추는 것이 중요한 방법이 되어선 안 된다
　둘째, 가격 보다 더 가치 있는 비전을 제시해주어라

　가치는 가격으로 만들어지는 것이기도 하다. 일부러 가격을 올리는 방안은 노력에 대한 응당한 책정이기도 하지만, 동시에 제품에 대한 우리의 자부심을 반영한 것이다. 그러니 가격을 낮추는 방식으로 당장 팔고 보자는 생각을 해서는 안 된다. 자칫 제품 자체의 가치만 떨어지고 우리가 집요하게 고집했던 '고급화 전략'이라는 축이 흔들리게 된다. 그런 점에서 영업사원은 회사의 전략을 충분히 이해하고 마케팅 전략에 거스르지 않는 영업 전략을 수립해야 한다. 한 명의 실수로 '땡처리'한 제품이 시장의 가격을 교란할 수 있고, 동시에 회사 이미지에 먹칠할 수 있다. 영업사원은 회사의 얼굴이자, 협력체 관계자들이 회사를 생각하는 중요한 근거가 되는 사람이다. 그들은 모두가 파견 사장인 셈이다.

영업사원은 회사 전체의 주파수를 충실히 이해해야 하고, 사장 역시 영업사원들과 긴밀하게 협의해야 한다. 매번 고객이 매우 중요하다고 강조했어도, 영업사원 하나가 인상 쓰고 회사로 돌아오면 그에 대한 입소문을 막을 재간이 없어진다. 한 번의 사과로 그것이 다 무마되면 좋겠지만 여러 번 반복되면 그럴 수도 없을 것이다. 그들 스스로가 회사의 장기 전략을 깊이 이해하는 또 한 명의 사장으로 거듭나야 한다. 그렇지 않으면 기계적인 설명만 하게 되고 상대는 아무 감흥도 느끼지 못하고, 결국 '싸게 줄 수 없다'는 말만 받아들이게 된다.

영업사원은 단순히 판매하는 사람이 아니라, 회사의 비전을 상대에게 심어주는 사람이라는 점을 명심하고, 또 명심해야 한다. 우리 회사의 제품이 특별한 가치를 가지고 있다는 걸 알릴 필요가 있다. 물론 학습지를 판매하거나 차를 팔 때는 조금 다른 전략을 취할 것이다. 모든 분야마다 맞춤형 노하우가 있을 테지만 한 가지 크게 달라지지 않는 것이 있다. 단순히 물건만 보여주고 가격 흥정을 해서 팔면 그건 '그냥 판매'다. 시장에서 물건을 팔거나 마트에서 판매하는 것과 크게 다르지 않다. 하지만 영업사원은 회사의 가치를 팔 줄 알아야 한다는 게 내가 강조하는 바이다. 영업사원은 회사의 정책을 명확히 이해하고 그것에 윤활유를 뿌려주는 역할을 이행해내야 한다. 유통업체에서 물건을 팔아주거나 아르바이트를 하는 사람들은 기계적으로 잘 파는 기술만 있으면 되지만, 영업사원은 그 이상의 기술이 필요하다. 그 물건 위에 매력적인 가치를 묶어서 파는 것. 이러한 기술은 회사의 비전을 협력체 관계자에게도 알릴 수 있을 것이다.

사실 완벽한 영업사원을 구하기는 어렵다. 그렇기에 사장과 영업팀 간에 긴밀한 보조를 맞춰나가야 한다. 항상 할 일이 많은 영업팀에서 경쟁해야 할 것은 경쟁사 영업팀이 아니다. 자사의 광고와 마케팅이라는 걸 명심하길 바란다.

결국, 영업사원은 걸어 다니는 작은 회사이면서 작은 사장이요, 그 회사의 광고판이자 마케팅 전술 그 자체이다. 심지어 광고판에는 쉽게 드러나지 않는 회사의 진정한 가치와 웅대한 비전을 상대에게 감동적으로 전달할 수 있어야 한다. 매우 추상적이고 어려운 일로 느껴지겠지만 그렇다고 하지 않을 수는 없다. 영업사원이 곧 영업팀의 존재 이유이기 때문이다. 상대에게 한 번에 많은 것을 전할 수 없으니 자주 만나면서 자연스럽게 알리기를 추천한다. 당장 모든 걸 알려주려는 마음에 쫓기기보다는 친밀감을 높이는 게 더 현실적이다.

비전을 전달하는 일은 매우 까다롭다. 그렇지만 사석에서 상대방과 인간적으로 친밀해지려는 노력은 실천할 수 있을 것이다. 영업사원이 협력업체 직원들과 지속적으로 만나야 할 경우 상대에게 호감을 줄 수 있는 방법을 몇 가지 써보겠다.

그 방법의 첫 번째는 바로 패션이다. 상대에게 좋은 인상을 주기 위해서는 기본적으로 패션에 관심을 두고 있어야 한다. 전문가가 되라는 건 아니지만 기본적 예의를 갖추는 수준이 되어야 한다는 말이다. 상대에게서 "센스 있다"라는 말을 들으면 더욱 좋다.

다음으로, 업체 사람들과의 식사를 추천한다. 평소에 그냥 내용만 전달하고 넘어가거나 어쩌다 커피 한 잔 마시는 경우가 많다. 이보다는 되도록 약속을 잡아서 협력체 관계자들과 식사를 함께 하는 게 좋을 것이다. 때로는 우리 쪽에서 식사비를 내고, 때로는 간단하게 점심을 대접받기도 하면서 친분을 쌓아라. 사소해 보일 수 있지만 식사로 인해 쌓이는 정이 만만치 않다. 처음에는 어색하더라도 지속하다 보면 더 많은 인맥이 생겨날 것이다.

또한 그들에게 단순하게 말을 전달하는 사람이 아닌, 주도적으로 일하는 직원이라는 인상을 주길 바란다. 실제로 혼자서 어떤 사안을 결정할 수는 없겠지만, 전달자 역할만 해서는 안 된다.

직장 생활을 하던 시절, 나는 사장님에게 찾아가 나에게 일정한 권한을 달라고 말했다. 그리고 내가 할 수 있는 범위에 대해 들을 수 있었다. 우리 회사도 현재 담당자에게 약간의 권한을 부여해주는 편이다. 그리고 개인이 판단하기 어려운 일은 회사에서 결정하기도 하지만 되도록 영업사원이 주도적으로 일하도록 맡긴다.

내가 영업사원이었던 시절도 마찬가지였다. 의견을 전달하는 것에만 치중하다 보면 상대방은 결국 결정권자를 만나고 싶어 한다. 시간 낭비 같다는 느낌을 받는 것이다. 이렇게 되면 서로 간에 신뢰가 쌓이기도 어렵다. 내 경험에서 나온 사실이기에, 영업사원들은 주도적인 자세를 가지라고 반복적으로 말하는 것이다.

그다음으로, 상대를 배려하고 있고 진심으로 위한다는 느낌을 전하라고 말하고 싶다. 종종 거래처 관계자에게 부조할 일이 생기면 당연히 회사에서 내주기 마련이다. 하지만 우리 회사에서는 그 돈의 반 정도만 회사 이름으로 내고, 나머지는 개인 이름으로 부조하라고 한다. 그 외의 대인관계 기술은 영업사원이 알아서 할 일이겠지만, 회사 차원에서도 그의 존재감을 끌어올리기 위해 노력한다. 또한 관계자와 대화를 할 때는 너무 사무적인 태도는 지양하라고 조언한다. 앞서 내가 손편지를 써서 업체 사람들에게 주었다는 이야기를 했었다. 손편지 외에도 각박한 경쟁 사회에서 고객, 협력자들과 소통할 수 있는 수단을 찾아보길 권한다. 편지에 쓰인 글을 읽다 보면 서로를 다시 생각하게 된다. 사람이 하는 일에서 인간적인 냄새가 빠지게 되면, 결국 차가운 계약서만 남게 된다. 어려울 때 함께 견뎌줄 수 있는 동료와 협력자를 만들기 위해서는 부단히 노력해야 한다.

마지막으로, 앞서 나온 행동들이 습관이 되길 바란다. 반복해서 행

양변기와 함께 춤추는 CEO

동 하다 보면 자신만의 노하우가 생기고 어느새 마음에서 우러나오는 '진심'이 되어있을 것이다. 이왕 하는 김에 나의 재산을 만든다는 기분으로 해야 한다.

최대한 명확한 지침을 알려주려고 했는데, 사실 자신만의 노하우는 각자 알아서 찾는 게 가장 좋은 방법이다. 최소한의 방식만 정해주고, 몇 가지 사항을 직원들에게 권유하는 것 정도가 사장이 해야 할 몫이다. 만일 직원들이 제대로 하지 않거나 마지못해 하는 모습을 보인다면 사장은 자신의 리더십을 살펴보아야 할 것이다. 그들을 나무라기 전에 자신이 했던 행동과 말에 문제가 없었는지 검토가 먼저 필요하다.

사장의 오른팔, 동료의 왼팔

보통 대기업 승진의 엘리트 코스로 비서실을 꼽는다. 한 그룹의 경우 계열사 회장이나 사장, CEO 중 비서실 출신이 30~50%를 차지한다. 또 다른 그룹의 경우 후계자가 거론될 때마다 비서실 출신이 가장 먼저 떠오른다.

비서실 출신의 승진 요인은 오너와의 교감 기회가 많은 덕분이다. 오너는 옆에서 수시로 보는 직원의 장단점을 잘 파악할 수 있게 되고, 객관적인 일뿐만 아니라 인간적인 관계도 자연스럽게 쌓이게 된다. 누구든 믿을 수 있는 사람을 주변에서 찾기 마련이다. 바로 이럴 때가 자연히 주변에 머물고 있는 비서가 임원으로 발탁되기 좋은 여건이라고 볼 수 있다.

양변기와 함께 춤추는 CEO

무조건 사장의 비서가 되라는 말이 아니다. 그만큼 사장의 곁에 있으라는 말이다. 가끔은 사장 옆에서 이리저리 비유 맞추면서 자리를 노리는 사람들이 있기도 하다. 하지만 사장은 괜히 사장이 아니다. 비유 맞추는 사람들이 검은 속을 갖고 있다면, 그 정도는 알아차릴 수 있다.

일을 하다 보면 잡일이라고 생각되는 것들이 있다. 회사 규모에 따라 다르지만 작은 회사에서는 청소일 수도 있고, 보통 회사에서는 서류 정리 등 업무와 직접적 관계가 없는 일들이다. 업무와 관련이 없다 해도, 회사 안에서 진행하는 일이면 무조건 '내 일'이다. '남 일'이 아니다. 사장이 뚱딴지같은 잡일을 시킨다고 하더라도 시키면 해야 한다. 내가 대표이사로 있으면서 이런 말을 하면, 사람들은 내가 일하기 편하려고 하는 말이라 생각한다. 하지만 그 말은 틀렸다.

사장이 시키는 일은 사장을 알 수 있는 또 하나의 기회다. 사장의 모든 것을 배웠을 때 손해 볼 일은 없다. 어쨌든 사장은 나보다 더 나은 존재임이 틀림없다고 생각하는 게 중요하다. 이건 내가 직접 겪은 일이기도 하다. 중요한 건, 내가 '뚱딴지같은 잡일'이라고 말했지만 그런 일을 시키는 사장은 거의 없다고 보면 된다. 사실 안 그렇다고 생각해도 어쩌겠는가. 해야만 한다. 무엇이든 하겠다고 입사를 선택한 건 자신이다.

그렇게 사장의 곁에서 여러 일을 하면 자연스럽게 사장의 오른
팔이 된다. 그건 사장이 신뢰하는 직원이기도 하고 사장이 인간적
으로 믿는 사람이라는 말이다. 그러면 사장이 회사 일에서 더 중요
한 일에 나를 투입할 가능성이 커지게 된다. 사장은 한번 찾은 사
람을 계속해서 다시 찾는다. 그렇게 계속되는 교감 속에 어느새 사
장의 오른팔 임무를 수행하게 되는 것이다.

내가 작은 회사를 추천하는 이유는 몇 가지 더 있다. 경쟁자가
많지 않은 곳에서 능력이 두드러지게 보이는 효과 때문이다. 물론
큰물에서 더 커 보이는 것도 좋다. 그래도 사장의 곁을 더 자주 들
여다 볼 수 있는 건 작은 회사다. 내가 아직 배워야 할 일이 많다
고 생각한다면, 큰물이 아닌 작은 물에서 구석구석 헤엄치는 게 어
떨까.

나는 첫 직장에서 사무실 청소 담당이었고, 영업 담당이었고, 경
리 담당이었다. 그리고 사장의 단 하나밖에 없는 오른팔이었다.
왜? 직원이 나 한 명뿐이었기 때문이다. 회사 업무를 도제식 수업
의 스승과 제자 관계처럼 다 배우게 됐다. 기업을 운영하는 법, 개
선을 위해 해야 하는 행동, 사람 대하는 법, 거래처의 심리 파악
등을 고스란히 전수받았다. 나는 그냥 직원이 아닌 '사장의 오른
팔'이니까 전수해 주는 거라 생각하고 배웠다.

양변기와 함께 춤추는 CEO

사장도 그런 나를 그저 직원으로 생각하지 않았다. 회사 일을 상의하는 파트너로 여겼다. 이 기간에 수업료도 내지 않고 참으로 값진 경험을 했다. 상경계 대학을 다니는 사람은 4년 동안 무역과 회계 실무 등을 익힌다. 또 전공 관련 무역회사에 입사하면 6개월에서 1년 정도 현장 경험을 통해 무역의 감을 잡아간다. 남들은 돈을 내고 4년 대학을 다니고 1년 가깝게 고민하며 배우는 일을 나는 돈도 내지 않고 핵심 내용만 종합적으로 익힌 것이다.

얼마나 고마운 일인가. 내가 사업체를 계속 키울 수 있었던 힘은 첫 출발이 좋은 덕분이었다. 만약에 공부에 관심이 많아서 명문대학에 진학하고, 대기업에 입사했다면 어땠을까. 큰물에서 큰 고기 잡는 법을 익힐 가능성도 있지만, 그 자리에 머무르다 교체됐을 가능성도 공존한다. 사실 이건 대부분 직장인의 운명이다.

일부 대기업 현실도 직시해야 한다. 일부에 한정되지만 거대 조직의 대기업에서는 임원이 되어도 의사결정권이 제한된다. 그러나 작은 기업에서는 사장의 오른팔만 되면 실제적이고 즉각적인 의사결정권이 주어진다. 회사의 사활을 걸고 사장과 아이디어를 교환한다.

회사 내부에서 정책을 결정할 사람은 몇 명 되지 않는다. 하지만 사장의 오른팔이 되면 회사 운명을 좌우할 결정권이 있고, 시장의 피드백을 실시간으로 마주할 수 있다. 이를 몇 차례 성공적으로 수행하면 사장은 진심으로 고마워하고, 직원이 아닌 동반자로 생각하게 된다.

사장의 오른팔이 된 후에는 더욱 노력해야 한다. 업무적으로 사장을 보필하는 것은 물론이고, 동료와의 관계를 잘 정립해야 한다. 사람에게는 질투심, 소외감이 있다. 누군가 중심이 되면 상대적으로 홀대받는 사람이 있기 마련이다. 하지만 진정한 사장의 오른팔이라면 동료와도 업무적으로, 인간적으로 동반자 역할을 해야 한다.

나는 첫 직장이 점점 커가는 과정에서 고개를 숙였다. 월급날이 다가오면 경리과에 회사의 자금 상황을 확인했다. 다른 직원이 제때 급여를 받을 수 있도록 거래처에 더 뛰어다녔다. 어떻게든 수금을 해 회사 계좌에 입금했다. 그래도 직원의 급여를 다 주지 못할 상황이 되면 사장처럼 내 월급은 일단 보류했다. 사장의 고민을 함께한 것이다. 이런 과정에서 사장이 더 신임하는 오른팔이 되었고, 직원들이 경계하거나 질투하지 않는 진정한 동료가 되었다. 이런 꿈같은 허상이 어디 있느냐고 따진다면, 바로 내가 그 허상을 만든 사람이라고 말할 수 있다. 나는 첫 직장에서 그렇게 다녔고, 발전했다.

작은 기업에서는 노력하면 충분히 사장의 오른팔, 동료의 왼팔이 될 수 있다. 그 기회가 천천히 걸어오고 있을 거라 생각하면 안 된다. 이런 기회는 스스로가 만들어야만 한다. 대부분 기업의 사장들은 아마 이 시간에도 사장이 되고 싶거나 사장의 오른팔이 되고자 하는 후배들을 찾고 있을 것이다. 나도 마찬가지다. 사장이

양변기와 함께 춤추는 CEO

되려는 사람이 사장처럼 일하기 때문이고, 사장의 오른팔로 일하는 후배가 사장 마음을 가장 잘 헤아려주기 때문이다.

　내가 오늘도 여전히 달리고 있는 이유는 개인적인 부를 더 축적하기 위해서라기보다 젊은 후배들에게 아직 줘야할 것들이 많은 이유 때문이다.

　두드리고 노크하라.

　그 용기와 배짱이 당신을 성공의 문으로 안내할 것이다.

난생 처음 이국땅을 밟았던 기억.
도쿄공항에서 한 것.

교육과 문화가 있는 리빙 엑스포

내가 음성에 땅을 사고 공장을 짓겠다고 했을 때, 주변 사람들의 시선은 놀라움 그 자체였다. 국내 타일 위생도기 제조업체들마저 중국 제품의 다양성과 가격경쟁에 밀려 국내생산을 대폭 줄이고 중국에서 대량 수입판매를 하던 중이었다.

당연한 일이다. 중국이나 동남아에 공장을 만드는 이유는 따로 있는 게 아니다. 땅값이 쌀 뿐만 아니라, 인건비가 우리나라보다 적게 든다. 기업의 기초적인 경영방식, 적은 돈으로 최대 이익을 내는 공식에 적합하다.

우리 회사의 공장도 모두 외국에 있다. 그렇다고 무조건 경영학적 기업운영에 눈이 멀어 해외 공장을 운영한 건 아니었다. 내가

양변기와 함께 춤추는 CEO

처음 시작한 사업은 국제무역 비즈니스다. 말 그대로 외국에 있는 상품을 국내에 들여오는 일이었다. 해외 공장에서 생산된 상품을 그 외의 국가에 판매하거나, 국내로 들여왔다. 그러다 중국에서의 사업이 확장되면서 당연히 중국에 공장을 지었다.

가끔 이런 무역업을 이해하지 못하는 사람들에게 곱지 않은 시선을 받기도 했다. 우리나라는 국내 사업 보호에 강경하게 나섰을 때가 있었다. 한때 수입품을 쓰면 매국노라고 하고, 국산품 애용운동이 일어났을 정도였으니 얼마나 강경했는지 짐작이 될 것이다. 그 와중에 나는 외국에서 물건을 사와 우리나라에 판매하니 곱지 않은 시선을 받는 건 어쩔 수 없었다. 아무리 국내에 없고, 국내보다 더 나은 상품이라고 설명을 해봤자 소용없었다. 이런 시선 때문에 나는 더 꼼꼼하게 상품을 개발하고 우리나라에 없는 디자인을 만들었다.

나는 알다시피 대한민국 국민이라는 자부심이 강하다. 처음 사업을 시작할 때 가격 경쟁을 하지 않은 이유도 이러한 맥락과 벗어나지 않는다. 물론, 다른 대기업처럼 국내 생산제조업을 꿈꾸기도 했다. 하지만 국내에서 공장을 짓고 운영할 수 있는 자금 이 당시에는 없었다.

세계의 공장이라 불리는 중국에는 양변기 생산 공장이 800여 개에 이른다. 풍부한 원재료와 노동력을 앞세워 전 세계 양변기 시장을 석권하고 있다. 2006년쯤 국내에도 양변기 생산 공장이 5곳 있었다. 그중 한 곳은 재산성이 맞지 않아 문을 닫았고, 나머지 4곳 역시 생산량을 줄이고 중국에서 수입하기 시작했다. 국내에서 생산하는 양변기는 중국산 수입가격과 경쟁을 할 수가 없다. 참 안타까운 현실이다.

우리가 살아가면서 있어도 되고 없어도 되는 제품이 있다. 하지만 양변기는 우리가 살아가면서 없어서는 안 되는 상품이다. 집에 양변기가 없다고 생각을 해보자. 그 불편함을 상상이나 할 수 있을까?

지금처럼 중국으로부터의 수입에 의존하다, 중국과 무역마찰이나 정치적인 이유로 양변기를 수입할 수 없게 될 경우에는 어떻게 할 것인가?

양변기는 쉽게 만들 수 있는 게 아니다. 어떤 틀이 있고, 그 틀대로 찍어내면 되는 제품이 아니다. 일정 규모 이상의 땅과 꽤 비싼 설비가 필요하고, 안정된 품질이 생산될 때까지는 오랜 시간 일한 숙련공이 필요하다. 국내 생산률 하락은 그저 단순하게 넘어갈 만한 일이 아니다. 생산량이 적다는 건 공장이 있는 지역 근로 인력이 줄어든다는 얘기다. 그 사람들은 직장을 못 구하기도 할 것이며, 지역 경제도 무너질 게 빤한 일이었다. 그래서 반대로 생각했다. 이제 국내에서 공장을 세울 수 있는 돈이 생겼으니, 나라도 한국에서 생산해야겠다고 말이다. 수십 년 전 국내업체와 반대의 길을 걸었던 것과 마찬가지로 지금도 반대의 길을 선택하는 게 하나의 방법이 되리라 생각했다.

나름 애국을 하고 지역의 경제, 개인의 일까지 책임지는 거라고 생각했지만 일은 쉽지 않았다. 우선 국내에 양변기를 만드는 숙련공들이 부족했다. 숙련공들은 그리 많지 않았고 현재 다른 곳에서 일을 하고 있으니 여간 힘에 부치는 일이 아니었다.

그리고 물류가 용이한 지역과 넓은 평수의 땅이 필요했다. 그렇게 찾은 게 충청북도 음성이었다. 우리나라의 중심으로 서울을 향한 위쪽이든 그 아래 지역이든 움직이기 편한 위치였다. 이렇게 공장을 세우고 노력을 했지만 더 어려운 일은 따로 있었다. 생산인력 직원을 구하는 일이었다. 지역사회가 좁고 외진 곳이다 보니 직원을 찾기가 여간 어려운 게 아니었다. 국내에서의 생산량을 점점 높이려 해도 그 생산량을 맞출 인원이 부족했다.

이번에는 틀린 길이었을까? 아니다. 나는 애초부터 쉬울 거라는 기대를 하지 않았다. 나는 그 공간을 더 활용할 수 있는 방법을 찾기 시작했다. 나에게는 사옥과 같은 의미로 짓는 공장이었다. 인원이 부족하다면, 본사 직원을 보내면 됐다. 본사가 있는 강서에서 함께 일하는 직원들과 합심하여 그곳에서 다른 사업을 벌이는 건 어떨까? 라는 생각에 도달하자, 일은 일사천리였다.

어려운 환경 속에서 3년간 투자하면서 마침내 공장 준공을 하고 적은 인원으로 KS 품질인증을 획득하며 생산을 해나가게 되었다. 나름 지역의 경제 발전과 고용창출에 기여할 것이라는 생각과 본 차이나 같은 명품을 만든다는 목표를 두고 최고의 원료와 디자인으로 생산에 박차를 가했다.

20년 전, 국내 최초로 6리터 절수형 양변기를 개발했고 지금은 그 양변기가 국내표준 모델이 되었다. 최근에는 3.5리터 초절수 양변기 개발해 생산을 준비하고 있다. DECORATION BATH SUIT, ALL IN ONE PACKGAE SYSYTEM도 준비 중이다.

나는 서울 강서구에 있는 사옥을 만들 때도 하나의 문화 공간을 꿈꿔왔다. 음성도 마찬가지의 공간으로 만들면 좋겠다는 생각이다. 우선은 욕실용품이라는 제한을 두지 않고, 교육과 문화가 있는 리빙 엑스포 테마파크를 구상 중이다. 그리고 더 나아가서 건축자재 관련 수많은 협회에서 주최하는 컨퍼런스, 세미나를 할 수 있게끔 만드는 것. 관련 도서를 보유한 작은 도서관을 만드는 것. 건축과 학생들이 직접 자재를 만질 수 있도록 실무에 도움이 되는 공간을 만드는 것. 이런 작은 문화를 세심하게 음성에 꾸릴 예정이다.

하나의 사고로만 생각하면 옳게 갈 수는 있지만, 다른 걸 못 보게 된다. 내가 양변기 수입에서 양변기 생산으로, 그리고 양변기에서 욕실용품으로 나아간 것처럼 음성 공장을 생산 공장으로만 멈추게 하고 싶지 않다.

보통 학생들이 건축 관련 일을 처음 시작할 때, 실제적인 교육이나 활동이 부족하다고 한다. 집을 어떻게 짓는가에 대한 교육 현장으로도 충분하다. 건축 자재에 대한 이해와 집을 짓는 공정에 대한 걸 모두 알 수 있도록 만들 예정이다.

음성 공장 부지는 꽤 넓은 면적을 자랑하고 있다. 그러나 수많은 아이디어를 넣는다고 하면 부족할 수도 있다. 나는 내 회사의 기반을 다시 다질 수 있고, 음성 지역 발전에도 도움 될 수 있도록 캠핑 하우스를 지으려고 한다.

인터바스의 미래는 지금과 다를 것이다. 다시 점프하고, 더 적극적으로 사회에 기여하는 기업이 될 것이다.

나는 스스로를 욕실계의 앙드레 김이라고 칭한 적이 있다. 지금까지는 욕실을 화장시켜 주고 멋지게 다듬는 디자이너였다면, 앞으로는 건축 자재까지 아우를 수 있는 인터바스 하우징에 멋진 화장을 시켜보고 싶다.

모두가 아니라고 할 때, 재창조할 수 있는 생각이 나온다. 생각을 전환한 뒤 거기서 끝내지 말고, 또 한 번 전환을 이뤄내야 뚜렷한 나의 목표가 생긴다. 그건 곧 내가 꼭 해내야 하는 일이 생겼다는 것이니, 힘차게 시작하길 바란다.

에 필 로 그

출판사에서 에필로그까지 써 달라는 요청이 왔다. 본문 그대로를 다시 내보내기로 한 것도 모자라, 프롤로그를 새로 쓰더니 이제는 마지막 장까지 채우라는 것이다.

처음엔 망설였다. 10년 전의 책이고 그동안 내 삶에도 변화가 있었지만, 그 핵심은 여전히 같았기 때문이다. 굳이 덧붙일 것이 있을까. 그러나 이번 재출간은 달랐다. 그동안 이 책은 바스 엑스포 내 '라바크로' 커피숍에서까지 꾸준히 팔려 나갔고, 출판사 재고는 이미 동났다. 마침 〈서장훈의 이웃집 백만장자〉

방송 출연 이후 주문이 쇄도했다. 방송의 힘은 역시 대단했다. 본방송이 방영되기도 전에 입소문이 퍼졌고, 유튜브 클립은 천만 뷰를 넘어섰다고 한다. 덕분에 10년 전 책이 다시 세상에 나오게 되었다.

방송 촬영 이후 나는 수없이 같은 질문을 받았다.
"대표님, 부자가 되는 비결이 뭡니까?"

내 대답은 단순하다.
"좋아하는 일을 오래, 그리고 진심으로 하는 것. 결국 그것뿐입니다."

이번 경험을 통해 가장 크게 깨달은 것은 '사람의 힘'이었다. 촬영을 준비하며 만난 PD와 작가들, 수십 명의 스태프, 그리고 방송을 보고 일부러 찾아온 손님들까지… 그 인연 하나하나가 내 회사를 평일에도 북적이게 만들고 있다. 그것은 단순한 매출 상승을 넘어, 나에게 더 큰 책임감을 심어주었다. 고객들의 관심과 믿음이 없었다면 지금의 나는 없었을 것이다.

사람들은 흔히 비밀 공식이나 단기 성공 법칙을 찾는다. 그러나 내가 전할 수 있는 대답은 언제나 같다. 10년 전 이 책에서 강조한 것도 그것이다. 창업의 필요성과 도전의 가치. 그 철학은 지금도 변하지 않았다. 다만 이번에는 한 가지를 더 덧붙이고 싶다. 바로 '꾸준히 이기는 법'이다.

안 되면 될 때까지,
그래도 안 되면 또 될 때까지,
그래도 안 되면 마지막으로 될 때까지,
그래도 안 되면 처음부터 다시 될 때까지.

나는 평생, 시작한 일은 끝까지 해왔다. 그러나 바스 엑스포를 준비한 지난 7년 동안은 마음대로 되지 않는 순간들이 많았다. 사람이 어떻게 모든 것을 뜻대로 이룰 수 있겠는가. 그래서 몇 번이고 '이제는 포기해야 하나'라는 생각을 하며 잠든 날도 있었다. 하지만 아침에 눈을 뜨고 거울 속 초라한 내 모습을 마주할 때마다, 마음속에서 다시 목소리가 들려왔다.

"그래, 될 때까지 가보는 거야."
이러한 각오로 오늘도 나는 뛴다.

나는 40년 동안 한 업계에서 회사를 지켜왔다. 화려한 산업도 아니고, 대중의 스포트라이트를 받는 분야도 아니다. 그저 양변기라는 한 제품을 붙잡고, 때로는 춤추듯, 때로는 노래하듯 함께 걸어왔다.

그래서 나는 늘 말한다.
"이왕 사는 삶이라면, 사장으로 살아라."

이 말은 돈이나 직함을 뜻하는 것이 아니다. 주인으로 살라는 뜻이다. 작은 회사에서라도 다양한 책임을 지고, 직접 부딪히고, 넘어지고 일어서며 꿈을 키우라는 말이다. 편한 길은 오래 가지 않는다. 어려운 길에서 흘린 땀과 눈물이 결국 당신의 회사를 지탱할 기둥이 된다. 이번 방송 출연도 그저 운이 아니라, 지난 수십 년간 쌓아온 도전의 결과라고 나는 믿는다.

이 자리를 빌려 감사의 인사를 드린다. 인터바스와 바스 엑스포를 믿고 함께 응원해준 고객들, 제품을 전면에 내걸고 동반 성장을 택한 대리점 가족들, 그리고 오랜 세월 묵묵히 함께한 직원들. 여러분의 믿음이 오늘의 나를 만들었다. 나는 그 믿음에 보답하기 위해 더 나은 욕실 문화를 만들어갈 것이다. 우리의 제품이 단순한 생활 도구를 넘어 사람들의 삶을 조금 더 편안하고 풍요롭게 만드는 데 이바지하기를 바란다.

앞으로도 나는 멈추지 않을 것이다. 새로운 아이디어와 상품으로 더 많은 예비 사장과 젊은 세대에게 기회를 열어주고 싶다. 나의 도전은 여전히 진행 중이며, 이 책은 그 여정의 중간 기록에 불과하다. 방송에서 비친 내 모습은 일부일 뿐이다. 진짜 이야기는 지금부터다.

마지막으로, 이 책을 덮는 당신에게 다시 한번 묻고 싶다.

"당신은 지금, 당신이 사랑하는 일과 함께 춤추고 있는가?"

interbath!®

interbath!®
욕실사랑

Group
Since 1986

www.interbath.co.kr
www.interbathmall.co.kr

TOTAL
SOLUTION

인터바스는 1986년 7월에 설립 된 회사로서 위생도기 (양변기, 세면기, 수도꼭지, 타일, 욕실 액세서리 및 소품 등)을 주종으로 생산 및 가공하여, 보여주고싶은 욕실이라는 경영이념을 바탕으로 세계최고의 욕실을 추구하는 선도기업 으로 최선의 노력을 다하고 기업 운영의 중심을 신용과 믿음에 두고, 사업의 이윤보다는 국내 욕실문화를 선도 한다는데 큰 의미를 두며, 사람을 중시하는 인간경영이라는 소명의식 아래 욕실문화를 예술의 경지로 끌어올려 고객에게 신뢰와 감동을 주는 회사를 목적으로 하고 있습니다.

HEAD OFFICE

interbath
Show room

interbath!
Shanghai Office

회사개요
-회사명 : 동원세라믹주식회사
-브랜드명 : interbath!
-대표이사 : 박현순
-설립일 : 1986년 7월
-소재지 : (본사) 서울시 화곡 5동 111-89 동원빌딩.
  Tel:02.2601.0141. Fax:02.2601.3092
  (1공장) 경기도 김포시 통진면 도사리 727-31.
  Tel:031.988.0171.3 Fax:031.988.0271
  (2공장) 충북 음성군 대소면 부윤리 304-18.
  Tel:043.878.0171 Fax:043.882.7520

했던 일
1986년 동원무역 설립, 욕실 자재 수출입업.
200만 호 주택건설 욕실 자재 수급 균형에 일조.
15가지의 다양한 칼라 위생도기 동시 공급.
위생도기, 금구, 욕조, 악세사리 등의 칼라화 선언.
업계 최초 자체 고유 브랜드 수출.
업계 최초 6리터 절수형 양변기 개발 및 수출.
94년, 업계 최초 환경마크 인증 획득.
욕실이야기, 동원 interbath! 전시관 Open.

interbath!
Shanghai Factory

하고 있는 일
전국 체인점과 대리점,
1군 건설업체에 대량 공급.
이탈리아나 준원피스양변기 - 전국 아파트욕실
(M/H)에서 선풍적으로 채택된 히트 제품.
국내 최초 욕실 전 제품 단일 브랜드 공급.
interbath! 데코레이션 System 생산 및 프랜차이즈 사업.
욕실설계공모전을 통한 욕실문화 정착과 인재 개발.
욕실 전문쇼핑몰운영.

interbath!
Kimpo Factory

해야 할 일
21세기 신욕실 개념의 정착화 및 W.S.S.
Multi Relax System
- 다기능 휴식공간으로 개념의 변화.
Water Save System
- 지속적인 초 절수 욕실 제품 개발(환경보호).
Life Design Boutique
- 욕실도 하나의 생활공간으로 차세대 욕실을 창조하는
  전문 기업상 구축.
Full Range Service

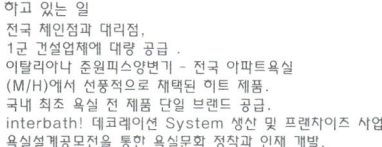

interbath!

interbath!
Eumseoung Factory

interbath!®

HISTORY

interbath!®

PRODUCT

ENERGY iQ from interbath
Intelligent & Premium suit

ADELA suit
Created for bathroom harmony!

The essence of true life lies in the simplicity and elegance in style,
full utilize for the space and the emphasis on light decoration.
The purity, elegance and lucidity of the environment always
constitute allure to the human nature.

SMART BATH
Toilet Responsibility
4.5 Liter

ENERGY-iQ series
Integrated TOILET

PERLA
EQ-2000D
Intelligent & Premium TOILET

Smart, Compact, Saving-Water, Save Space Energy,
interbath New Technology ENERGY-iQ.
Customer's hygienic environment,
convenience and safety have been deliberated
once more.

Integrated TOILET series
EQ-2000D Avecpearl   EQ-2000D Nobless
Intelligent & Premium Toilet   Intelligent & Premium Toilet
Dimension : W400*D660*H620   Dimension : W400*D660*H620

ENERGY-iQ series
Automatic Hand DRYER & Electronic BIDET

ENERGY-iQ series
Digital FAUCET

ENERGY iQ

SMART BATH

Main Project

大宇建設(株) | LG建設(株) | 大宇建設(株) | 東洋高速建設(株) | 大宇建設(株) | 大宇建設(株) | 三浦建設

大宇建設(株) | 大宇建設(株) | 大宇建設(株) | LG建設(株) | SK建設 | 三星物産 | 三星物産

大宇建設(株) | 現代建設 | 大宇建設(株) | LG建設(株) | 大宇建設(株) | 大宇建設(株)

大宇建設(株) | 現代産業開発 | 三星物産 | 現代産業開発 | 大宇建設(株) | 大宇建設(株)

大宇建設(株) | 現代産業開発 | 現代産業開発 | 現代産業開発 | 大宇建設(株) | 大宇建設(株) | And more..

Show Room

여러분께서는 전세계 185 인터바스매장에서 다양한 욕실 문화를 경험 하실 수 있습니다.

InCheon2 | ShangHai GungHei | XiAn | ShangHai Haomeijia | BuSan2 | BoonDang

ZhungZhou | NingBo | YiWu | GuiYang | ShangHai Hongxinmeikalong | SungNam

ShenYang | ShangHai Ximen | WuXi | ShangHai Ximen | JiNan | EuUl | And more..

interbath! Global Headquarter.

USA
NewYork Branch office

JAPAN
Tokyo Branch office

CHINA
Shanghai Branch office

INDIA
India Branch office

MIDDLE EAST
Dubai Branch office

동원세라믹주식회사 / 인터바스주식회사

본사 전시장 : 서울 강서구 우장산동 111-89 동원빌딩 Tel:02.2601.0141 Fax:02.2601.3091~2
http://www.interbath.co.kr http://www.interbathmall.co.kr e-mail:biz@interbath.co.kr
1공장 : 경기도 김포시 통진면 도사리 727-31 Tel:031.988.0171 Fax:031.988.0271
2공장 : 충청북도 음성군 대소면 부윤리 304-18 Tel:043.878.0171 Fax:043.882.7520

KS L 1551
Certificate Number : 09-051h
Korean Standards Association
한국표준협회

JAS-ANZ
QUALITY ASSURED COMPANY
AS/NZS I.S.O 9001